KB264635

나의 길, 우리의 길

나의 길, 우리의 길

조경대 목사의 삶과 사상

나의 길, 우리의 길

발행인 | 조성환
집필인 | 박정신
저 자 | 개신대학원대학교 출판부 편
편집인 | 고태성
발행일 | 2024. 9. 1.
등록 번호 | 2021-000027호
발행처 | 개신대학원대학교 출판부
주 소 | 서울시 강북구 도봉로 235
전 화 | 02-945-0910
팩 스 | 02-945-0143
ISBN | 979-11-976030-1-3

값 15,000원

조경대 목사의 삶과 사상
나의 길, 우리의 길

조경대 목사 평전

조성환(개신대학원대학교 이사장)

“성공이요? 나처럼 실패를 많이 하고, 시행착오가 많았던 목회자도 없을 것입니다. 그러나 하나님은 사랑해 주시지요. 사랑받는 비결은 오직 기도뿐이에요.

교회를 개척하고 나서 13년간 눈이 오나 비가 오나 겨울이나 여름이나 가리지 않고, 꼭 금요일이면 도봉산에 가서 밤을 지새우면서 기도를 드렸는데, 2년 전부터는 교회에서 철야 기도를 드리고 있습니다.

이제 또 내년부터는 철야 산 기도를 다시 해 볼까 합니다. 또 하나님이 사랑하시는 양 떼들을 성심성의껏 돌보아 드리니 하나님이 좋아하실 수밖에 없습니다.”

– 월간 「현대종교」(1986년 9월호) “권두 대담” 중에서

참된 희생과 섬김의 종이요 사랑의 목회자요 기도의 종이요 교육자요 교단의 지도자였던 조경대 목사님께서 돌아가신 지 벌써 1년여가 지나고 있습니다. 목사님은 종암중앙교회를 설립하여 수많은 양 떼를 불러 모으시고, 복음의 증인으로서 사명을 감당하며 교회를 크게 성장시키셨습니다.

총회의 지도자로서 대한예수교장로회(개혁) 교단의 큰 발전을 이룩하셨고, 척박한 땅에 떨어진 한 알의 밀알로서 개신대학원대학교를 설립하여 수많은 인재를 양성하셨습니다. 하나님께 그토록 사랑받으셨고, 목회에 부지런하셨던 목사님께서 남기신 업적이 얼마나 대단한지를 이 책을 발간하면서 새삼 배웁니다.

위대한 하나님의 종, 조경대 목사님에 관한 글을 발간하게 되어 무한한 기쁨을 느끼며 큰 영광으로 생각합니다. 이 책을 통해 수많은 사람이 은혜와 감동을 받고, 좌절한 사람은 다시 한번 도전할 용기를 얻고, 무기력한 사람은 비전을 발견하게 되기를 바랍니다. 이 책을 읽는 이마다 하나님의 나라를 이루는 초석이 되기를 기원합니다.

이 책이 나오기까지 수고를 아끼지 않으신 분들께 큰 감사를 드립니다. 먼저, 조경대 목사님의 평전을 집필해 주셨던 고(故) 박정신 전 숭실대학교 교수님께 진심으로 감사를 드립니다. 작고하시기 얼마 전에 이 책을 집필해 달라는 부탁을 흔쾌히 받아 주시고, 건강 상태가 안 좋으신데도 좋은 글을 써 주셨던 교수님께 깊은 감사의 마음을 전합니다.

또한 추모의 글을 써 주신 손석태 개신대학원대학교 명예 총장님과 김광채 전 총장님께도 감사의 말씀을 올립니다. 특별히 조경대 목사님의 장례 예배에서 설교를 맡아 주셨고, 추모의 글을 써 주신 새에덴교회 소강석 목사님께도 큰 감사를 드립니다. 아울러 한국기독교총연합회 명예 회장이신 홍재철 목사님께도 감사를 드립니다.

특별히 조경대 목사님의 사모이자 저의 어머니이신 이종현 사모님께 큰 감사의 말씀을 올립니다. 오늘의 종암중앙교회와 개신대학원대학교가 있기까지 가장 큰 힘이 되어 주신 숨은 공로자이십니다. 조경대 목사님이 큰 목회를 감당하시고, 학교를 세우시고, 교단 총회를 세우실 때, 내조뿐 아니라 동역까지 하실 정도로 그 역할이 이루 말할 수 없이 크셨습니다. 이 책을 발간하는 데에도 큰 격려와 사랑을 보태 주셨습니다.

또한 이 책을 개신대학원대학교 출판부에서 출간하도록

힘써 준 동생 조성헌 총장에게 고마움의 인사를 전합니다. 그리고 모든 과정을 함께해 주신 형님 조성준 안수집사님과 동생 조성범 집사를 비롯한 모든 가족에게 감사를 드립니다.

마지막으로 종암중앙교회의 원로 장로님들과 당회 장로님들과 성도님들에게 큰 감사의 마음을 전합니다.

앞으로 종암중앙교회와 개신대학원대학교는 조경대 목사님의 유훈과 유지를 잘 받들어 더욱 큰 발전을 이루는 데 최선을 다하여 헌신하겠습니다.

목차

조경대 목사 평전

박정신(전 숭실대학교 교수)

평전 집필인 약력

박정신 교수

1967년 숭실대학교 인문대학 사학과에 입학, 미국 워싱턴대학교에서 박사 학위를 받은 뒤 남오레곤주립대학교를 거쳐 오클라호마주립대학교에서 종신 교수로 가르치다 2000년 3월 숭실대학교 기독교학과에 부임해 2014년 2월 정년 퇴임까지 기독교학과 학과장, 부총장, 기독교학대학원장, 한국인문사회학회 회장, 국제한국사학회 회장 등을 역임했고, 은퇴 후에는 법인 파송 이사로 활동했으며 2018년 7월 25일 소천하였다.

조경대의 신앙은 말 그대로
"오직 하나님", 곧 유일신 신앙이다.
그의 삶에서 유일한 권위이자 잣대는
오직 하나님뿐이다.
그래서 그의 말대로 그는 겁이 없다.
하나님 일이라면 무엇이든 하고,
하나님 뜻이라면 어떤 말이든 한다.

서울에서
크게 되라고

말은 제주도로 보내고, 사람은 서울로 보내라 했던가. 1936년 10월 15일, 전라남도 여천군 남면 유송리 554번지, 금오도 섬마을에서 태어난 그이에게 할아버지가 지어 준 이름은 경대(京大), 서울 가서 크게 되라고 경대란다. 고기잡이하는 아버지 조양오와 어머니 강우엽 사이에서 6남매의 맏이로 태어난 경대는 그렇게 집안 어른들의 기대를 한 몸에 받았다.

1936년이라면 일제가 만주 침략(1931년)을 시작으로 이른바 '15년 전쟁'을 치르며 조선을 '병참 기지'로 삼고자 하여 강력한 '황민화'(皇民化) 정책을 시행하던 때 아니던가.

경대가 태어나기 두 달 앞서 조선 총독으로 부임한 미나미 지로(南次郞)가 "신사 참배(神社參拜), 황거요배(皇居遙拜), 국기 게양의 장려, 국가(國歌)의 존중, 국어(일본어) 보급의 장려를 더욱 힘써 만방무비의 국체를 명징토록"[1] 하는 '내선일체'를 조선 통치의 요체로 삼아 국민정신총동원운동 따위를 벌이던, 말 그대로 암흑의 시기요 절망의 시기였다.

이런 때, '서울에서 크게 된다'는 것은 어떤 모양일까. 누구처럼 일제에 빌붙어 벼슬자리 하나라도 하면서 큰소리치거나 제 동포를 팔아서라도 돈을 벌어 부자 되어 떵떵거리며 사는 것, 그런 것일까?

많은 사람이 훼절(毁節)과 매족(賣族)의 '넓은 길'을 가고 있을 즈음, 그러나 경대네 집안은 달랐다. 이네들에게 '큰사람'이란 소위 '세상'에서 잘나가는 사람이 아니었다. 증조부적부터 이어 오는 신앙의 전통이 생각을, 삶에 대한 태도를 바꾸어 놓았던 것이다.

기독교 신앙으로 똘똘 뭉친 경대네 집안에서 '큰사람'은 곧 복음을 전하고 양 떼를 돌보는 사람, 목사였다. 갈치·조기·멸치잡이로 생계를 이어 가던 경대네 집안은 경대가 고기 잡는 어부가 되기보다는 "사람을 낚는 어부"가 되기를, 하여 "그물을 버려두고 예수를"(마 4:20) 따라 사람들이 있는 곳으로 떠나기를 바랐다.

그래서인가. 경대는 금오도에서 여남 공립 보통학교를 나온뒤 순천으로 나와 고등성경학교를 졸업하고, 대구신학교와 총신대학을 거쳐 집안 어른들의 바람대로 목사가 되었고, 그의 아들 성환과 성헌도 목사가 되었다.

성환을 가졌을 때, 아버지 조 목사는 태어날 아이가 장차 목사가 되길 바라며 부인 이종현 사모의 배에 안수하며 기도했다고 하니, 적어도 이 집안에서만큼은 복음 전하는 일이야말로 가장 큰 일이고, 목사가 제일 큰사람이었다. 물고기를 잡아 와도, 떡을 해도 맨 먼저 목사님부터 대접하던 어머니의 신앙이 우학리교회 김순배 목사의 안수 기도를 받으며 자라난 경대에게 그대로 이어져 '복음 전하는' 일을 제일로 여기는 가풍을 세워 온 것이다.

뒷날 조경대가 서울에서 교회를 개척하였을 때, 어머니 강우엽 권사는 종암중앙교회당을 찾아와 교회와 조경대 '목사'를 위하여 밤을 새우며 기도하였고, 오늘 조경대 목사와 이종현 사모 또한 '목사' 아들을 위해 기도하고 있으니 그 집안에서는 여전히 목회가 제일 '큰 일'이고 목사가 제일 '큰사람'이다.

"서울에서 크게 된" 조경대 목사, 그가 그렇게 '큰' 사람이 된 까닭은 '미래 목사' 조경대의 신앙 고갱이가 형성된 우학리교회, 그를 '목사'로 세운 순천노회를 빼놓고는 알기 어렵다. 하여 그의 삶을 이야기하자면, 먼저 우학리교회로부터 출발하는 것이 순서일 테다.

우학리교회는 1906년 4월 5일 여수군 남면 우학리 냉수동 322번지에서 안귀봉·김문옥의 두 가정이 모여 예배를 드림으로써 시작되었다. 초대 전도인으로 최진막 조사(助事)가 우학리에 파송되어 초기 신앙생활을 이끌었고, 이후 목포 주재 미국 남장로교 맹현리(McCallie, Henry Douglas) 선교사가 목회 활동을 하였으며 1913년 순천에 미국 남장로교 선교부가 설치되면서 그곳 소속인 변요한(Preston, John Fairman) 선교사가 우학리교회의 초대 당회장으로 임명되었다.

이후 교세를 확장하면서 1915년 4월 66m² 규모의 예배당을 마련하고, 제2대 교역자로 강병담 조사를 청빙하였다. 강병담 조사는 나중에 평양신학교를 졸업하고, 목사 안수를 받았다. 1932년 5월 김문옥이 초대 장로로 장립되어 당회가 조직되었으며. 1938년 1월 이기풍 목사가 제5대 교역자로 부임하였다.

이 대목에서 어린 경대가 부모를 따라 신앙생활을 시작할 즈음 우학리교회를 담임하던 이가 이기풍 목사라는 사실을 눈여겨보아야 한다.

이기풍 목사, 그가 누구던가. 1893년 마포삼열(Moffet, Samuel Austin) 목사가 처음으로 평양에 선교하러 갔을 때, 그 집에 돌을 던진 불량배 가운데 한 사람이었지만 청일 전쟁의 폐허 위에서 소안론(Swallen, William L.) 선교사의 전도로 예수를 만나 '새사람'이 되었고, 장로교 평양신학교를 제1회로 졸업하고 목사가 되었다. 목사가 되고서 이내 선교사로 파송되어 1908년부터 1917년까지 성안교회를 비롯하여 금성·삼양·성읍·조춘·모슬포·한림·용수·세화 등의 교회를 세우면서 제주 선교를 개척했던 이다.

그런 그가 광주·전남 지역의 교회 현장과 노회·총회를 두루 거친 다음, 1934년 칠순의 노구를 이끌고 우학리교회를 찾은 것이다. 그리고 마침내 1938년 일제의 신사 참배 강요에 맞서 호남 지방의 교회 지도자들과 결속하여 싸우다가 체포되어 심한 고문을 받고, 병보석으로 출감하였으나 건강이 악화되어 우학리교회 사택에서 별세하였으니, 어린 경대가 일곱 살이던 1942년의 일이다.

당시 조선예수교장로회 총회가 "아등(我等)은 신사가 종교가 아니요 기독교의 교리에 위반하지 않는 본의를 이해하고, 신사 참배가 애국적 국가 의식임을 자각하며 이에 신사 참배를 솔선 여행하고, 국민정신총동원에 참가하여 비상시국하에서 총후(銃後) 황국신민으로서 적성(赤誠)을 다하기로" 한다는 성명을 발표하고 신사 참배를 결의하였음에도 불구하고,[2] 이기풍 목사는 우상 숭배일 수밖에 없는 신사 참배를 거부하고, 이에 맞서다 순교의 길을 간 것이다.

이는 평양신학교가 신앙 지조를 지키기 위하여 '폐교'라는 '좁은 길'을 선택한 것과 함께 한국 기독교가 가야 할 길을 보여 준 장거(壯擧)였다. '오직 하나님'이라는 유일신 신앙에 입각하여 신사 참배를 반대했던 이기풍 목사의 신앙 유산이 있었기에, 그의 손자 이성근 목사와 벗하며 이기풍 목사를 사숙(私淑)하며 자랐기에, 뒷날 조경대 목사는 총회 신학대학이 주일성수를 위하여 군사 훈련을 거부한 학생을 제적하는 따위의 행위를 가벼이 넘기지 않고, 총회 정화에 나설 수 있었다.

우학리교회에서 형성된 '미래 목사' 조경대의 유일신 신앙은 순천성경고등학교를 거쳐 순천노회에서의 목회 활동 과정에서 더욱 강화된다. 고흥 남양교회와 순천 대대교회에서 사역하면서 강도사·목사 고시를 거쳐 1969년 10월 목사 안수를 받은 것이다.

순천은 1897년부터 레이놀즈(Reynolds, William D.), 테이트(Tate, Mattie Samuel), 오웬(Owen, Clement C.) 등 남장로교 선교사들이 순회 전도에 나섰던 곳이고, 1913년 순천선교부를 개설하면서 전도는 물론이고 매산학교와 안력산(알렉산더)병원 설립 등 다각적인 방식으로 선교 활동을 펼쳐 온 곳으로, 1922년 제11회 총회에서 전남노회로부터 분리되어 순천노회가 세워졌다.

남장로교의 보수적 개혁 신앙을 이어 온 순천노회에서는 1930년대 후반 일제의 신사 참배 강요에 맞서다 애양원교회 손양원 목사, 순천중앙교회 박용희 목사와 황두연 장로를 비롯해 열일곱 명의 교회 지도자들이 체포·수감되었으며, 그중 양용근 목사는 광주형무소에서 38세 나이로 옥중 순교하는 등 그 어느 지역보다도 유일신 신앙에 투철한 곳이었다.

바로 그 순천노회가 조경대를 목사로 세운 것이다. 뒷날 아들 성환을 남장로교가 운영하는 낙스신학대학원으로 보내고, 개혁신학연구원과 낙스신학대학원의 공동 학위 과정을 개설하도록 이끈 데서도 드러나듯이 남장로교의 보수적 신앙 전통을 이은 순천노회는 조경대의 신학과 목회의 뿌리가 되어 주었다.

우학리교회와 순천노회를 통해 형성된 조경대의 신앙은 말 그대로 "오직 하나님", 곧 유일신 신앙이다. 그의 삶에서 유일한 권위이자 잣대는 오직 하나님뿐이다. 그래서 그의 말대로 그는 겁이 없다. 하나님 일이라면 무엇이든 하고, 하나님 뜻이라면 어떤 말이든 한다.

그래서일까. 그는 서슬 퍼런 박정희 독재 앞에서도 할 말은 하는 사람으로 유명하다. 1970년대 후반, 박정희 대통령의 초대로 청와대를 방문했을 때 옆에 있던 차지철 경호실장에게 "차 실장, 영락교회 집사잖아. 대통령 전도 좀 해"라고 대놓고 이야기했던 일화도 그중 하나다.

한편 조경대의 인생관·신앙관이 형성된 배경에는 호남이라는 지역적 특성 또한 빼놓을 수 없다. 이는 1970년대 이후 총회 개혁의 진앙지가 호남이었다는 사실과도 이어진다. 알다시피 총회와 신학교 개혁의 외침은 한국 사회의 변방, 호남에서 시작되었다. 총회 정화와 신학교 복구를 위한 운동이 주로 호남권 목회자들에게서 제기되고 실행되었던 것이다. 이를 두고 교단 안팎의 다수 목회자는 자주 '호남 정서'를 거론한다. 개혁 운동의 바탕에 호남 정서가 작용하고 있다는 말이리라. 살피건대, 이러한 풀이에는 그 나름의 까닭이 있다.

호남이 어떤 곳인가. 호남은 곡창 지대로서 일찍부터 겨레의 양식을 조달하는 데 기여했고, 전쟁의 위기에서는 나라를 보전하는 데 중요한 역할을 감당한 곳이었다. 오죽했으면 이순신이 "호남은 나라의 보장이니 호남이 없으면 나라도 없다(湖南國家之保障 若無湖南是無國家)"라고 했을까.

그런데도 호남은 늘 소외되고 차별받았으며, 특히 농업 생산의 일선에서 곡창 지대를 일구어 온 호남 민중의 삶은 말 그대로 '바닥'이었다. 그러니 대들고 일어날 수밖에 없잖은가. '반골' 기질이 외려 자연스럽다. '힘'에 맹종하지 않고 당당히 맞설 줄 아는 기개, 그것이 곧 호남 정서로 자리 잡은 것이다.

하여 조정의 부패와 탐관오리의 행패에 맞서 보국안민(輔國安民)의 기치를 앞세우고 저항의 물결을 일으켰던 갑오농민운동(1894년, 고종 31년)이 호남을 터전으로 일어나고, 20세기 초엽, 본격화하는 일제 강점에 맞선 의병 운동의 본산지 또한 호남인 것은 차라리 필연이었다.[3]

일제가 "전라남도의 천지는 가장 청정하게 소제"되었다고 자평하며 '남한폭도대토벌작전'이라고 불리는 그 처참했던 대규모 학살을 겪으면서도 끝까지 맞섰고,[4] 살아남은 이들은 만주나 연해주로 넘어가 독립군이 되었던 바로 그 '호남 의병'의 산실이요 전장이 호남, 곧 전라도였다.

어디 그뿐이던가. 일제강점기 1929년에는 굴욕적인 식민지 교육에 항거하는 학생 항일운동을 일으킴으로써 3·1운동 이후 최대의 민족적 항쟁으로 확산하였던 곳이 호남의 광주였다. 차별과 억압에 맞섰던 그 호남이 해방 이후에도, 특히 1960년대로부터 1980년대에 이르는 30년 군사독재 시대를 걸쳐 매양 차별에 시달려야 했고, 급기야 제 나라 군대로부터 민간인이 학살당하는 끔찍한 경험까지 했으니 그 서러움, 그 트라우마를 어찌 말로 다 표현할까.

그런데도 주눅 들지 않고 꿋꿋이 일어나 모든 차별과 억

압을 폐지하는 봉기의 선두에 섰으니 '호남 정서'는 단순히 반항 심리에만 머물지 않는다. 그것은 스스로 약자, 소수자의 자리에 서겠다는 결단이며, 힘센 것을 누르고 약한 것을 북돋우려는 정의로운 결기다. 그것이 바로 '변방'의 정서다. 핍박받는 호남 사람들의 벗이요 목자인 호남의 목회자들이 그 변방의 정서를 공유하는 것 또한 자연스럽다.

사실, 호남은 우리나라 기독교인에게 아주 특별한 곳이다. 천주교와 감리교가 신사 참배를 수용하면서 장로교 안에서도 신사 참배를 받아들이는 분위가 형성될 때, 그 흐름에 쐐기를 박은 곳이 호남이었던 까닭이다. 일찍부터 호남 지역 선교를 맡아 왔던 남장로교가 '풀턴 성명'을 통해 신사 참배가 강요되는 상황에서는 더 이상 기독교 학교를 운영할 수 없다는 원칙을 천명하고, 남장로교가 경영하던 10개 학교, 즉 광주의 숭일남중, 수피아여중, 목포의 영흥남중, 정명여중, 순천의 매산학교, 전주 신흥학교와 기전여학교, 군산의 영명학교까지 모두 폐교하는 아픔을 겪으면서까지 흔들림 없이 유일신 신앙을 고수하였던 곳이 호남이다.

이렇게 타협하지 않는 호남이 있었기에 흔들리던 북장로교의 이탈을 막아 내고, 그 어두웠던 시기에 기독교 신앙의 맥을 이을 수 있었다.

그러기에 바로 그 호남에서 '호남 정서'를 익히며 유일신 신앙을 전수받은 조경대에게 약한 사람, 소외되는 사람의 곁에서 그들을 '살리는' 목회, 70년대를 어둡게 물들인 군사 정권의 호남 차별에 맞서기는커녕 짝패가 되어 거들고 나서는 교권 세력과 그들이 주도하는 총회와 신학교를 그냥 내버려 둘 수 없어 '정화'를 주장하고, '분화'를 결행하였던 투지는 차라리 자연이고 필연이었을 테다.

1979년, 예장합동으로부터 개혁 교단이 분화할 때의 일이다. 유일신 신앙, 개혁 신앙을 고수한다고 자임하는 '총신'이 주일성수를 위하여 군사 훈련을 거부한 학생을 제적하고, 신학 노선이 좌경되어 신복음주의로 흐르고, 문서설이 공공연히 가르쳐지고 있었으니, '총신의 변질'을 규탄할 수밖에 없었고, 문제가 이미 드러났는데도 이영수 목사를 위시한 교단 지도부가 이를 고치기는커녕 감추고 부인하며 되술래잡기에 바빴으니, 정치권력의 비호도 모자란지 깡패까지 동원해서 바른말 하는 목회자들의 입을 틀어막고, 발을 묶는 데야 도리가 없지 않은가. 그들과는 다른 길을 갈 수밖에 없었다.

호남의 여러 교회가 앞장섰고, 서울에서는 종암중앙교회가 중심이 되었다. 종암중앙교회에서, 조경대의 거처에서 개혁 교단이 시작된 것이다. 때로는 고지식하고 지나친 듯 보일 수도 있지만, 유일신 신앙과 개혁 신앙에 대한 무한 신뢰의 마음에서 비롯된 그 결기가 외압으로 교회가 흔들리거나 내우(內憂)로 신학이 비틀거릴 때, 중심을 잡고 견디게 하는 든든한 힘이 되기도 한다는 사실, 교회사가 증명해 온 그 길을 조경대 또한 따라 걸은 것이리라.

이러한 결단과 노력들이 곰비임비 쌓였기에 오늘의 종암중앙교회와 개혁 신앙·개혁 신학을 내건 '개신대학원대학교'가 가능할 수 있었을 테다.

심방, 책방, 골방이 전부

조경대의 목회 이력은 비교적 간명하다. 1970년, 서울에서 종암중앙교회를 개척하고, 거기서 줄곧 담임 목사로 사역하다 은퇴하였으니 말이다. 다만 가벼이 넘길 수 없는 이력 한 가지는 전라도 출신인 그가 정작 신학과 목회를 시작한 곳이 경상도였다는 사실이다. 순천고등성경학교를 졸업한 조경대는 1958년 대구신학교(현 대신대학교)에 입학, 본격적으로 '신학'에 입문한다.

왜 대구일까? 계기인즉, "경상도에 가서 공부해 보고 서울로 가야지, 전라도 사람이라고 해서 경상도를 모르면 되느냐”라는 김홍기 목사의 권유에 따른 것이란다. 게다가 장학금까지 준다고 했다니 흔쾌히 대구로 갈 만하다.

그런데 조경대의 대구신학교 재학 시기는 대한예수교장로회가 '합동'과 '통합'으로 나누어지는 시기와 겹친다. 알다시피 장로교는 1952년 이른바 '자유주의' 논쟁을 거치면서 '예장'과 '기장'으로 분열하였으며, 1950년대 후반에 와서 세계교회협의회(World Council of Churches, 이하 WCC) 문제를 두고 격렬한 대립과 분쟁을 겪다가 결국 1959년에 합동과 통합으로 분열하기에 이른다.

이른바 '장로교의 제2차 대분열'이다. 이 과정에서 대구신학교는 WCC 반대 노선을 취하고 '합동'에 속하게 되었는데, 이로써 조경대는 예장합동의 보수적 신학을 배웠을 뿐 아니라 뒷날 '총회정화운동'과 개혁 교단을 함께할 정규오 목사 등과도 교분을 쌓게 된다.

1961년 대구신학교를 졸업한 조경대의 첫 사역지도 경상도였다. 경상북도 군위군 우보면 나호리에 소재한 나호교회에서 처음으로 전도사 사역을 시작한 것이다. “전라도 사람이라고 해서 경상도를 모르면” 안 되겠기에 신학에 이어 목회도 경상도에서 시작해 보겠다고 대구 근방에 있는 농촌

교회를 찾아 나섰는데, 그렇게 찾아낸 곳이 바로 나호교회였다. 조경대는 이곳에서 경상도 사람들과 어울렸다.

전라도 출신의 젊은 전도사가 왔다고 교인들도, 주민들도 좋아했단다. 그때 그곳에는 지역감정도, 지역 차별도 없었던 것이다. 지역감정이란 것이 박정희 정권의 집권 전략의 산물이었으니, 적어도 그때까지는 교회는 물론이고 일반에서도 지역 차별을 찾을 수 없었다고 한다.

조경대가 함안 조(咸安 趙) 씨이고, 할아버지 대부터 전라도에서 살았으니 따지고 보면 전라도니 경상도니 나누는 것이 외려 어색하다.

어디 조경대뿐일까. 식민과 전쟁을 겪으며 남부여대(男負女戴)하여 살 곳을 찾아 떠돌아야 했던 우리네 겨레라면 누구나가 그러할 테다. 남과 북, 동과 서가 서로 따돌려야 할 까닭이 없다. 서로 알아 가고 챙기며 함께 사는 게다.

전라도와 경상도를 오가며 조경대는 그렇게 약한 이를 보듬으며 함께 사는 법을 배우고 익힌다. 이것이 호남 정서와 투철한 유일신 신앙에 기반하여 현존 질서에 맞서면서도 결코 지역주의에 갇히거나 패권주의를 추구하지 않는 조경대의 삶의 방식을 가능케 한 터전이겠다.

사실, 변방의 정서는 어느 한 편에 머무르지 않고, 두루 품고 아우른다. 패거리를 짓거나 울타리를 치지 않아 "사람들이 동서남북으로부터"(눅 13:29) 모여 하나를 이루게 되니 곧 세계성과 이어지고, 약자와 소수자의 마음자리에서 모든 이를 다독이며 살리니 또한 보편성에 맞닿는다.

참다운 변방성은 곧 세계성이자 보편성이며, 참된 세계성과 보편성은 변방성에서 싹트고 자란다는 뜻이다. 갈릴리에서 시작된 복음이 예루살렘을 넘고 로마를 넘어 땅끝까지 이른 것처럼 말이다.

그러기에 조경대의 호남 정서는 보편성과 세계성에 잇닿는다. 분파의 벽을 쌓고 쟁론의 칼을 들이밀기 예사인 '죽이는 신학, 죽어 있는 목회'에서 벗어나, 기독교의 본질이랄 수 있는 구원·사랑·선·자유를 오늘 삶의 현장, 선교의 현장에서 되살려, 죽임이 난무하는 세계를 생명이 역동하는 삶터로 변화시키는, 말 그대로 '살아있고, 살리는' 목회를 꿈꾸고 실행해 온 것이다.

그 신념과 행동이 오늘 힘없는 이들을 다독이며 살리는 변방의 정서에 터를 잡고 세계를 품어, 그 세계가 예수 그리스도의 복음으로 하나 되는 꿈, 그것이 이제 개신대학원대학교의 '살리는 신학'(Life-Giving Theology)이며 '살아 있는 목회'(Life-Working Ministry)로 구현되고 있다.

그리하여 개신대학원대학교에는 그야말로 세계가 모여 있다. 아니, 더 정확히 말하자면, "동서남북으로부터" 세계의 변방이 몰려들고 있다. 나이지리아, 몽골, 브라질, 우즈베키스탄, 이란, 팔레스타인, 카메룬, 방글라데시, 카자흐스탄, 콩고, 기니, 에티오피아 등지에서 온 수백 명의 학생이 이 작은 학교에서 참된 신앙과 삶을 배우고 있다.[5]

모두 세계의 변방이요 변두리 아니던가. 가난하고 차별받는 곳, 여전히 그늘진 곳, 그럼에도 변화의 욕구가 간절하고 변혁의 의지가 투철한 곳, 그리하여 기독교 신앙으로 옛사람의 구습에서 벗어나 새사람을 입고자 하는 갈망이 싹트는 곳 말이다.

그런 그들이 마음 편히 찾을 수 있는 곳, 그들을 존엄하게 맞아들여 일으켜 세울 수 있는 곳, 그들과 더불어 복음으로, 살리는 신학과 살아 있는 목회로 세계를 변화시킬 수 있는 곳, 그곳이 바로 '개신'이며, 조경대가 꿈꾸고 걸어온 길이자 열매다. 이는 정규오 목사를 중심으로 한 호남의 목회자들이 교권 장악과 패권주의를 추구하면서 결국 개혁의 대열에서 이탈한 것과 사뭇 대비되는 대목이다.

강원도 원주에 있는 육군 제1군 사령부에서 군대 생활을 마친 조경대는 1964년, 고향 근방인 고흥반도에 소재한 남양교회(고흥군 남양면 남양리 316)에 담임 전도사로 부임한다. 대구신학교에서 예장합동의 보수 신학을 배우고, 경상도에서 목회 수업을 마친 다음 마침내 고향 전라도로 돌아와 남장로교의 보수적 신앙 유산을 이어받은 순천노회에서 담임 목회를 시작한 것이다.

조경대는 1967년 10월 15일 순천만과 가장 가까운 마을인 대대동에 있는 대대교회로 옮긴다. 1929년 미국 장로교 원가리(Unger, J. R.) 선교사의 방문으로 시작된 교회로 손활인·장춘호·윤복남·정영민·서철원·김상봉·조재태 목사 등을 배출하였고, 김구 선생과 함께 독립운동을 했던 조상항 독립지사가 장로로 시무했던 유서 깊은 교회다. 남양교회 젊은 전도사가 "목회를 잘한다"며 데려갔단다. 둘째 아들 조성환도 거기서 태어났다.

조경대는 1970년 10월까지 남양교회에서 3년, 대대교회에서 3년, 모두 6년을 순천노회에서 사역하면서 목회자로서 준비 과정을 성실히 이수하고 새로운 시작을 기획한다.

이곳에 있는 동안, 1964년 12월 총신대학교를 제58회로 졸업[6]하였고, 1968년에는 강도사를 인허받았고, 1969년 10월에는 마침내 목사 안수를 받았다. 목사로서 대대교회에서 1년 동안 시무한 뒤, 조경대는 1970년 10월 25일 대대교회를 사임한다. 그리고 그다음 주일인 1970년 11월 1일, 서울에서 종암중앙교회를 개척한다.

서울 성북구 종암동으로 온 조경대는 종암 2동에서 당시 상업은행 종암지점장 소유의 집을 11만 원을 주고 세를 얻었다. 11월 1일, 조경대 목사 부부와 아들 성환, 그리고 조성준, 이렇게 네 사람이 모여서 예배를 드렸다. 종암중앙교회의 시작이다. 네 사람이 예배하다가 김안식 집사의 집으로 옮겨 14명이 모였다. 이렇게 시작된 종암중앙교회는 1970~80년대 굴곡진 현대사를 겪으면서도 꾸준히 성장한다.[7]

조경대가 종암중앙교회를 개척한 1970년대는 이른바 '산업화' 시대다. 한국 사회 특유의 '돌진적 근대화'가[8] 수출 주도형 산업화를 통하여 경제의 외형을 키우고 세계 시장에서 점유율과 경쟁력을 높이는 데 치중한 나머지 급격한 이농(離農)을 부추겨 도시마다 새로운 노동자 계층이 형성될 때다. 당시 고향을 등지고 가족을 떠나 객지살이해야만 하는 이들에게 교회는 곧 고향이자 가족이 되어 주었고, 돌진적 근대화의 과정에서 소외되고 희생당한 사람들이 대거 교회를 찾았다.

종암중앙교회도 그랬다. 동대문 시장에서 장사하는 사람들, 주변 가게나 작은 공장에서 일하는 사람들이 속속 모여들었다. 모두 서민들이다. 종암동 뒤편 개울을 따라 크고 작은 집들이 있었는데, 그곳에 살던 가난한 사람들이 교회로 몰려왔다. 조경대는 고무신 차림으로 쌀 포대를 날랐다.

지금은 하늘로 돌아간 이만희 권사가 주로 동행했고, 나중엔 이양옥 전도사가 함께했다. 셋방도 얻어 주고 동대문 시장에 장삿거리도 알선해 주었다. 당시 정부의 시장 근대화 시책에 따라 70년 12월부터 순차적으로 개점한 동대문 종합상가에 교인들이 입점할 수 있도록 돕기도 했다. 실제로 150명이 넘는 교인들이 입점하였다.

교회가 커지다 보니 서민들뿐 아니라 다양한 부류의 사람들이 찾아왔다. 특히 목회자가 호남 출신이다 보니 호남 사람들이 많이 몰려왔다. 국회의원도 오고, 장군도 오고, 장관도 오고, 교수도 왔다. 게다가 60년대 후반과 70년대

초반에 잦았던 가뭄 탓에 이농(離農) 인구가 증가하고, 그 와중에 전라도 사람들의 상경(上京)이 부쩍 늘어나면서 종암중앙교회 또한 빠른 속도로 성장한다.

조경대 목사의 목회를 가장 잘 드러내 주는 말을 찾자면 '심방, 책방, 골방'이다. 심방은 교인들 가정을 살피며 영과 육의 양식을 제공하는 일을, 골방은 그리스도인이자 목회자로서 하나님과 대면하는 기도 생활을, 책방은 설교 준비를 위한 공부를 뜻한다.

그의 말마따나 목회자로서 그의 삶은 "일평생 심방, 책방, 골방"이었다. 순천 대대교회에서 조경대 목사는 '심방의 명수'로 통했다. 대대교회 70년사 기록에 의하면, "역대 목회자들을 보면 하나님께서 귀하게 사용하셨던 분들임을 새삼 깨닫게 된다.

목사는 심방을 잘해야 한다는 점을 몸으로 실천해 보인 목회자는 조경대 목사다. 김덕심 권사의 말을 인용하면, '주일 학교 어린이 한 명만 안 나오면, 주일 오후에 반드시 심방을 가는 분이다.' 심방은 조경대 목사만이 가진 노하우일 것이다. 지금의 큰 교회를 이룸이 바로 심방에서 나온 것이라 하면 무리한 추측일까? "아무리 많이 해도 탈이 나지 않는 것이 심방이다.” 마치 예루살렘 초대교회에서 사도들이 “오로지 기도하는 일과 말씀 사역에 힘쓰리라”(행 6:4) 하였던 것처럼 말이다.

또한 목회 사역에 가장 큰 동역자 중 한 사람이었던 종암중앙교회 이효진 장로의 말을 들어보자!

우리 조 목사님은 엄청 기도에 힘썼어요. 사실은 도봉산 제일 기도원도 우리 조 목사님 때문에 기도 운동이 일어난 겁니다.

목사들이 볼 때 조경대 목사님이 서울 가서 큰 교회를 한다고 그러니까 그때 많은 목사님이 도봉산에 매주 기도하러 갔어요. 목사들이 도봉산 기도원에 가면 바글바글 했어요.

조 목사님의 능력은 산기도에 있다는 소문이 쫙 퍼졌어요. 조 목사님의 열심을 사람들이 보고 산기도에 열심을 낸 거지요. 처음에 삼각산으로 다녔는데, 삼각산이 멀다고 도봉산 기도원으로 갔어요. 그래서 내가 한번은 우리 교회 정병문 장로라고 있었는데, 하루는 정 장로님이 날 찾아왔어요. 초창기 2년이나 됐나 3년이나 됐나. 찾아와서 하는 말이 "조 목사님이 도봉산에 기도하러 간다고 했는데, 아무래도 미심쩍으니 진짜 기도하는지 살짝 한번 보러 갑시다" 그러는 거예요. 우리가 목사님이 진짜로 기도하나 한마디로 감시하러 간 거예요. 도봉산 기도원으로 가서 거기 계신 분에게 "혹시 조경대 목사님 어디 갔습니까?" 하고 물었더니 목사님이 평소 기도하는 산바위에 갔다고 하더군요. 한참 올라가서 보니까 혼자서 도포를 둘러쓰고 "주여! 주여!" 하면서 기도하고 있더라고요.

우리도 그 장면을 보고 은혜를 받고, 목사님께는 알리지 않고 그 밑에서 한참을 기도하면서 기다렸어요. 1시간이 지나고 2시간이 지나도 내려오지 않아요. 더 이상 기다릴 수 없어서 그냥 기도원으로 내려왔습니다.

내가 정 장로님 보고 "아니, 장로님! 아무리 그래도 그렇게 목사님을 의심할 수가 있느냐"라고 그랬더니 그 장로님 하시는 말씀에 "참, 나도 양심에 가책이 된다"라고 이야길 하더군요. 그러고 나서 우리는 피곤해서 기도원안에서 잠시 잠을 잤습니다.

잠깐 눈을 붙이고 난 후에 다시 목사님이 기도하고 계시는 산바위로 올라갔어요. 하! 그런데 올라가서 보니까 그래도 그 자리에 미동도 하지 않고 엎드려 계신 거예요. 우리는 그때 큰 감동을 받았어요. 그러고 나서 내가 "장로님 갑시다. 우리가 큰 죄를 지었습니다" 하고는 산을 내려왔어요. 이렇게 우리 조 목사님은 기도에 정말 열심을 내셨던 분이고, 그 능력으로 이렇게 목회를 크게 하고 큰일을 이루신 거예요.

조경대 목사는 교회를 목회하면서 재정집행에는 일절 관여하지 않기로 유명하다. 재정은 장로와 집사들에게 오롯이 맡겨 둔다. 이런 태도는 교회 연합 활동에서도, 학교 사업에서도 예외 없이 똑같이 적용된다.

그렇다고 해서 그가 재정에 무관심한 것은 절대 아니었다. 하나님의 일을 하는 데는 재정이 필요하고 중요하다는 사실을 누구보다도 잘 알고 있었다. 그래서일까. 그는 돈을 내는 데 인색하지 않았고, 돈을 모으는 데도 뛰어났다. 처음 예배당을 지을 때, 20평짜리 단독 주택을 내놓았고, 리모델링할 때도 먼저 큰돈을 내놓았다.

합동 총회가 개혁 신앙에서 이탈하였음을 비판하면서 새로이 개혁 교단을 열고, 음성에 개혁신학원을 세울 때도 종암중앙교회 성도들을 설득해서 단일 교회로는 최고액인 6억 5,000만 원과 경상남도 합천의 땅 4만 5,000평을 기증한다. 그뿐인가. 신앙적·신학적으로 올바르고 한국 교회가 공인할 수 있는 표준 성경전서를 새로이 발간하기 위해 '한국성경공회'를 결성하고, 번역 사업을 시작할 때도 성경공회 '총무' 조경대 목사의 노력이 있었기에 사람도 돈도 모을 수 있었다.

이렇듯 사람과 돈을 모으는 데 뛰어났지만, 돈을 쓰는 데는 관여하지 않았다. 조경대의 주특기는 "목사"이고, 목사는 "심방, 책방, 골방이 전부"인 까닭에서다.

여기서 조경대 목사를 가장 가까이서 지켜보았던 개신대학원대학교 배종열 교수의 말을 들어보자

필자가 개혁신학연구원에서 학생 시절을 보내고, 유학을 마치고 돌아와 교수로 임명을 받을 때, 조 목사님은 전체 이사장이셨고, 개신대학원대학교가 설립 인가를 받을 때도 법인 이사장이셨으니 필자는 조 목사님을 곁에서 자주 뵐 수 있었다. 또한, 필자는 교수 재임 시 총회의 여러 목사님들로부터 조 목사님의 여러 사역에 대하여 들을 수 있었

다. 조 목사님의 흔적은 그분의 발자취뿐만 아니라 그분의
말씀으로도 남아 있다.

　조 목사님은 목사를 최고 존귀한 직분으로 여기셨다. 목
사직만 귀하고, 다른 일은 귀하지 않다는 것이 아니다. 하
나님께서 자신을 목사로 세우셨으니 목사직을 가장 귀한
일로 여겼을 뿐이다. 그래서 조 목사님은 언제 어디서나 누
구를 만나든지 "조 목사입니다"라고 하셨다. 성도들에게는
물론이거니와 정치인을 만나도 목사였고, 행인을 만나도
목사였다. 행정 기관의 수장을 만나도 목사였으며, 민초를
만나도 목사였다.

　조 목사님은 어느 날 교정 전담 목사님과 함께 우리나라
에서 분위기가 가장 험악하다고 알려진 경북 청송교도소
를 방문하셨다. 그곳에서는 순서를 맡은 목사님들이 분위
기에 위축되는 경우가 다반사라고 한다. 그런데 조 목사님
은 기도를 요청받자 조금도 흔들리지 않고 오히려 큰 소리
로 간절하게 기도하셨다. 교도소 예배에서도 그분은 목사
였다.

　소련 해체 후에 우리 교단의 목사님 일행이 러시아를 방
문하던 중에 군 장성 사령관과 만남이 약속되었다. 군부대

에 도착 후 본부로 가는 길은 철통 보안이었다. 일행이 은행의 대형 금고에 있는 철문과 같은 문을 몇 개 통과하면서 닫힐 때 나는 '쿵' 소리는 매우 위협적이었다. 혹시 살아서 돌아갈 수 있을까 하는 약간의 공포심마저 들었다. 장성을 만나 환담을 하고 나니 갑자기 조 목사님이 그 사령관에게 한국말로 "꿇어"라고 하셨다.

매우 무례하게 보일 수 있었는데, 조 목사님의 당당한 모습에 그 사령관이 어리둥절해하면서도 무릎을 꿇자 조 목사님은 그의 머리에 손을 얹고 안수 기도를 하셨다. 기도를 받은 그 사령관은 자신을 위한 기도라서 매우 기뻐하였다. 하지만 함께 있던 목사님들은 그 순간 심장이 털썩 주저앉는 것 같다고 하였다. 타국의 사령관실에서도 그분은 목사였다.

그의 목사로서의 정체성은 상장 문제에서 더 두드러진다. 조 목사님은 사회봉사를 하셨는데, 어느 시에서 상을 주겠다고 알려 왔다. 시에서 감사장으로 보답하려는 것이다. 하지만 조 목사님은 그 제안에 대하여 단번에 반대하셨다. 상장은 윗사람이 아랫사람에게 주는 것인데, 목사가 시장에게서 상장을 받는 것은 목사가 시장의 아랫사람이 되는 꼴이니 받아들일 수 없다는 이유에서다. 기관이나 단체가 주는 상에 대하여도 그분은 목사였다.

인간관계에 대한 말씀도 있다. "선한 끝은 있어도 악한 끝은 없다." 선하게 살면 어떤 일이라도 매듭지어지지만, 악하게 살면 어떤 일도 매듭지어지지 않는다는 의미의 속담이다. "선으로 악을 이기라"(롬 12:21)라는 말씀을 우리 속담으로 하신 것이다.

함께 일하다 보면, 멀다 가도 가까워지고, 가깝다가도 멀어지기도 한다. 그런데 고통스러운 상처만 남은 것 같은 이별 후에도 다시 만나면, 조 목사님은 늘 같은 말씀을 하신다. "잘 있었는가 이 사람아. 밥이나 먹으러 가세." 이 말로 상대방은 경계심이 풀리고, 그동안 해묵은 감정이 녹게 된다.

그리고, "앞으로는 꼭 그렇게 해 주세요." 조 목사님은 필요한 말이라고 생각하면 그 말씀을 무한 반복하신다. 듣다 보면, 중독성이 있어서 머리에 기억으로 남고, 심지어 마음에 새겨지기까지 한다. 알아듣게 말했는데도 이행되지 않은 것 같으면 늘 같은 톤으로 할아버지가 손자를 타이르듯 하신다. 타인은 조 목사님에게 감정이 있을 수 있으나, 적어도 조 목사님은 타인에게 감정은 없으신 것 같다.

목회에 대하여 신학생들에게 자주 하신 말씀들도 있다. "깡통은 밟아서 버려야 한다." 교회를 개척할 때, 받는 외부의 도움을 깡통에 비유한 말이다. 그 깡통을 밟아 다시는 못쓰게 하여 버리라고 하셨다. 의지하면 자립할 수 없으니 처음부터 남에게 의지하지 말라는 뜻이다.

"목사는 교인의 가게를 이용해야 한다." 목사가 교인의 물건을 사는 것은 당연하다 하셨다. 아무리 멀리 있어도 사야 할 물건은 교인의 물건이고, 조금 질이 떨어져도 최고의 물건은 교인의 물건이며, 가장 좋아하는 음식도 기준은 자신의 취향이 아니라 교인의 식당에 있는 메뉴다.

또한, 목회에서는 3방을 강조하셨다. "목사는 골방, 책방, 심방을 잘해야 한다." 골방에서 기도하고, 책방에서 설교 준비하고, 심방하여 성도들을 돌보라는 뜻이다.

조 목사님은 심방을 자주 하셨다. 헌금 상황을 살피면서 십일조를 하지 않으면, 이 가정의 사업에 문제가 있다고 생각하고 심방하면서 쌀독을 살피셨다. 독이 비어 있으면, 조 목사님은 다음 날 새벽기도회가 끝나고 바로 교회의 성미를 가지고 가서 나누셨다. 심방에서 성도들의 형편을 돌아보신 것이다.

조 목사님은 설교를 밥에 비유하여 말씀하였다. "할머니는 나에게 식은 밥을 먹이지 않으셨습니다." 할머니는 손자인 조 목사님에게 늘 따뜻한 밥을 주셨다고 한다. 설령 집에 밤늦게 들어가도 할머니는 손수 밥을 지어 주셨다고 한다.

할머니가 손자에게 밥을 차려 주는 것처럼 목사는 성도들에게 식은 밥이 아니라 따뜻한 밥을 주어야 한다는 의미다. 조 목사님은 주초에 설교 준비를 끝내고, 주중과 주말에는 성경 안에 준비한 설교 원고를 가지고 다니면서 자주 읽으셨다. 조 목사님은 따뜻한 집밥의 설교를 성도들에게 주려고 하신 것이다.

조 목사님은 삼각산(북한산)을 자주 가셨다. 특히 젊으셨을 때는 삼각산 입구에 들어서면서부터 외치셨다. "하나님, 조경대 왔습니다!" 이것은 '이제 기도하러 왔으니 제 기도를 들어주소서' 하는 외침이다.

후배 목사들이 목회에 문제가 있으면, 조언을 얻기 위해 조 목사님을 찾았다. 조 목사님은 그들의 말을 다 듣고서 말씀하셨다. "집돼지보다 멧돼지가 힘이 있네. 이번 주 금요일 저녁에 삼각산에서 만나자." 철야 산기도를 제안하신 것이다. 때는 늦가을 쌀쌀한 날씨였다.

조 목사님은 그곳에 모인 후배 목사들에게 체온을 유지하는 방법을 손수 보여 주셨다. 기도할 장소 근처의 낙엽을 모은 후 낙엽 속으로 들어가는 듯한 자세였다. 조 목사님은 낙엽 속에서 "주여" 하고 외치면서 기도를 시작하셨다. 젊은 목사들도 그대로 따라 하면서 더 큰 소리로 기도를 시작하였다.

그들은 힘을 다해 기도하다가 지쳐서 주위를 살펴보니 조 목사님은 조용하셨다. 후배 목사들은 이제 자도 되겠다고 생각하고 있다가 깜박 잠이 들었다. 그런데 얼마 후 누군가가 발로 엉덩이를 가볍게 차면서 "기도해야지 이 사람들아" 하고 소리쳤다. 조 목사님이 잠든 후배 목사들을 깨우신 것이다. 후배 목사들은 사랑의 기도를 배우면서 자동으로 산상 철야 기도를 하게 되었다.

조 목사님은 그의 삶을 통하여 발자취뿐 아니라 어록도 남기셨다. 어쩌면 삼각산에서 기도하실 때처럼 이 땅을 떠나 하나님 앞에서도 이렇게 외치지 않으셨을까?

"하나님, 조경대 왔습니다!"

이렇듯 심방·책방·골방에 파묻혀 애오라지 목회에만 전념해 온 조경대이지만, 세상인심은 그렇게 무르지 않은 법, 억울한 일도 많았다. 특히 이른바 '교단 정치' 과정에서 이런저런 이유로 등을 진 사람들, 그가 주축이 되어 세운 학교를 떠나면서 욕하고 심지어 고발까지 한 사람들, 그런 이들과 마주할 때마다 그는 예외 없이 골방과 책방을 찾아 하나님께 기도한다. 그러면 심중을 꿰뚫어 보시는 이께서 다 풀어 주시고 갚아 주신다. 이야말로 조경대 목회의 비밀이자 열쇠다.

목사가
바른말 해야지

주지하다시피 조경대가 종암중앙교회를 개척하고, 서울에서 본격적인 목회에 나섰던 1970년대는 박정희 정권의 군사 독재가 기승을 부리던 시기였으며, 많은 교회가 바로 그 정치권력에 들붙어 기독교 본래의 가치를 외면하던 시기였다.

5·16 군사 쿠데타로 제2공화국을 무너뜨린 박정희가 군사 독재를 시작할 무렵, 한국 기독교는 정치권력과 짝하여 권위주의 반공 체제를 떠받들었던 지난날을 반성하고, 기독교 본래의 자리로 돌아가느냐 아니면 새로운 권력과 한통속

이 되어 세속의 종교로 남을지 갈림길을 마주했다.

군사 정권이 비록 국가의 확고한 우위를 기조로 종교 전반에 걸쳐 통제를 강화하였다고는 하지만 민주적 정통성과 정당성을 결여한 탓에 미국의 지지와 지원이 필요하였던바, 미국과 연결된 기독교를 배제하거나 무시할 수 없는 형편이었거니와 외려 기독교의 협력을 이끌어 내야만 하는 처지였다. 이는 박정희 시대가 아무리 "권위주의 통치의 절정"이었을지라도, 기독교가 생존을 염려할 상황은 아니었다는 말이다.

그러나 박정희 시대에 기독교는 결국 정치권력에 들붙는 쪽을 선택했다. 교회 또한 국가 권력에 줄을 대기 바빴다. 특히 삼선 개헌과 유신으로 이어지는 박정희 정권의 유일 지배 체제가 구축되던 즈음 다수의 기독교 지도자들은 정치권력과 아낌없이 밀착했다.

김찬·박형룡·김준곤·김장환·조용기·박윤선·김의환 목사 등이 삼선 개헌을 지지하고 나섰고, 김창인·김희보·김윤찬·한경직·강신명·홍현설·윤창덕·조용기 목사 등이 10월 유신 지지 대열에 합류하였다. 김준곤 목사가 그 대가로 정동회관을 받은 데서 알 수 있듯이 교회 지도자들의 다

수가 정치권력에 협력한 대가로 이런저런 이익을 누렸던 것이다.

그러나 조경대는 달랐다. 그 역시 '달콤한' 제안을 받은 적이 있다. 70년대 어느 해, 성탄절 하루 전이었다. 청와대로 좀 들어오라고 육영수 여사 부속실에서 연락이 왔다. 갔더니, 대통령 내외가 함께 있었고, 이런저런 얘기가 오간 뒤에 500평쯤 땅을 준비해 두었다고, 그걸 주겠단다. 예배당 짓는 데 쓰라고. 그러나 거절했다. "헌금해서 예배당을 지어야 복 받지, 이런 식으로 돈을 받으면 나중에 역사의 한 페이지가 무너지는 법"이라고.

나중에 비서관을 통해 들은 얘기로는 "참 대단하다"라고, "다른 목사들은 양잿물도 주면 마시던데, 조 목사는 다르더라"라고 말하더란다. 예배당만큼은 교인들의 헌금으로 지어야지, 안 믿는 사람의 돈으로 지으면 안 된다는 것, 목사는 어느 자리, 누구 앞에서라도 바른말 해야 한다는 것, 그것이 조경대의 원칙이었다.

박정희 정권 말기의 일이다. 최태민이 기독교 목사 행세를 하면서 대통령의 영애 박근혜를 앞세워 구국선교단, 구국십자군 따위를 조직하고, 온갖 이권에 개입하고 있을 때도 그랬다.

특히 1975년 6월, 구국십자군 결성은 말 그대로 가관이었다. "국방력 강화를 위해 우리 기독교인들이 생명을 바칠 각오로 구국십자군을 창설"한다며 100명에 이르는 목사들을 서부 전선 육군 부대에 입소시켜 제식 훈련, 총검술, 사격 훈련까지 이수토록 하면서 유신 군사 독재를 떠받쳐 주는 자리에도 힘 되고 돈 되지 싶어 많은 목사들이 줄을 섰다. 6월 21일, 배재고등학교 교정에서 열린 창군식에는 자그마치 16개 교단에서 1,800명이나 참가하였다고 한다. 목사들이 군복을 입고 계급장까지 달고 말이다.

그러나 조경대는 달랐다. 목사들이 어떻게 그럴 수 있느냐고, 목사들이 계급장 붙이고, 권력에 줄 대고, 돈 되는 곳을 쫓아가다 보면 진리가 썩고 기독교가 썩는다고. 기독교가 썩으면 나라도 썩는다고, 때로는 꾸짖고 때로는 호소했다.

한때는 기독교가 그렇게 번창했던 이북이나 러시아가 결국 공산화와 독재의 길을 간 것도 기독교가 제 역할을 하지 못하고 타락하였기 때문이라고 역설했다. 그래서 어떤 경우에도 교회는, 목회자는 국가 권력과 짝하여 이익을 탐해서

는 안 된다며, 교회를 한갓 종교 기관이나 종교 사업체로 전
락시키는 거대한 흐름에 맞섰던 것이다. 어릴 적부터 익혀
온 하나님 유일신 신앙이 있었기에 가능한 일이었다.

나는 무서운 게 없어요, 하나님밖에…. 왜 사람을 두려워합
니까. 대통령이 뭔데, 독재자가 뭔데, 죽으면 천국 갈 건데
무엇을 두려워해. 별거 없어.

하여 그는 70년대 후반 유신독재가 최고조에 달했던 그
엄혹한 시기에도 독재는 안 된다고, 사람의 생명을 함부로
취급하는 정권은 망한다고 설교할 수 있었다.

80년대도 그랬다. 전두환을 위시한 이른바 '신군부' 세력
이 광주에서 제 동포를 학살하고, 그 피 묻은 손으로 권력을
움켜쥐고서는 온갖 부정과 부패로 일삼던 시대였다. 인권
침해와 공포가 일상이 되어 버린 나라, 반칙과 불공정이 횡
행하는 사회였지만, 누구 하나 선뜻 나서서 따질 수조차 없
던 암흑의 시기가 아니었던가.

아니, 앞서서 바른말을 해야 마땅한 이들이, 그것도 언필
칭 목회자요 기독교 지도자라는 이들마저 오히려 전두환의

업적을 칭송하며 쿠데타와 군사 통치를 내놓고 두남두고 있었으니 이 얼마나 창피한 역사의 한 장면인가.

그러나 조경대는 그냥 모른 척 지나칠 수 없었다. 도저히 묵과할 수 없었다. 하여 조경대는 사람들이 모인 곳이면 거기가 어디든 나라가 이래서는 안 된다고, 정부가 그러면 못쓴다고 쓴소리를 했다.

그래서 그의 설교는 곧잘 '위험 수위'를 넘나들었으므로, 때로는 관계 기관으로부터 경고가 날아들었고, 때로는 교회 안에서조차 걱정하는 소리가 터져 나왔다. 하지만 조경대의 생각은 달랐다. 장관이나 국회의원 같은 자리 하나 챙기려는 사람은 바른말을 못 하지만, 목사는 그런 욕심이 없는 만큼 아무 자리에서나, 누구에게나 바른말 할 수 있고, 해야 한다는 게 조경대의 소신이었다.

민주화 운동이 한창 활발하게 이루어질 때 당시 1,100만 기독교인 중에서 민주기도협의회 수천 명의 목회자가 참여하였다. 당시 기독교회관 8층을 거점으로 3,000여 명의 목사가 모인 민주기도회 모임에서 총무를 맡고 있었던 이주한의 증언에 따르면, 조경대 목사는 고영근 목사(목민선교회장 민가협 상임의장), 이해동 목사 등과 함께 민주기도협의회를 조직하고, 김대중 선생을 모시고 시국 기도회를 개최하여 민주화에 동참하였다.

힐튼호텔 조찬 기도(증경총회장 조남기 목사 사회)에는 2,200명, 종로 한일관에는 1,500명, 구기동 오림포스호텔에는 1,300여 명 등이 함께 모여 민주화를 위해 기도하며 전두환 군부 독재에 반대하고 직선제 개헌을 주장하였다.

당시 민주화를 열망하는 적극 참여 대표 목사님들은 민주기도협의회 상임의장 고영근 목사(목민선교회 회장), 공동의장 조경대 목사(종암중앙교회 담임 목사), 김종오 목사(정평의장), 고문 조남기 목사(청담 중앙교회, 한기총 증경총회장) 이해동 목사, 금영균·문익환·정상목·이해학·강원룡 목사 등이 참여하였다.

그래서일 테다. 조경대는 불의한 권력을 비호하는 이른바 종교 지도자들, 특히 기독교 목사들을 도무지 두둔할 수 없다. 하나님 앞에서 충성된 종이라면 도저히 그럴 수 없는 법이다.

목사들이 어떻게 태극기를 들고 박근혜 나쁜 짓 하는 걸 지지해. 어떻게 그럴 수가 있어요? 그러면 안 된다고 말하고, 더 이상 나쁜 짓 못 하게 해야 목사지. 그건 목사가 아니야. 썩어서 그래. 한국 교회가 썩었다는 증표야. 참 안타까워. 저번에 큰 교회 목사들 청와대 가서 박근혜 만났잖아. 김삼환·김장환 목사, 갔으면 바른말을 해 주었어야지.

목사는 바른말을 해야 한다는 조경대의 소신은 이른바 '교단 정치'에서도 예외일 수 없었다. 개혁 교단과 개신대학원대학교 출발의 서막이랄 수 있는 1979년 복구총회신학교의 출범 과정에서 문제가 된 '총신의 좌경화'와 '이영수 목사의 독재'에 대해서도 조경대는 해야 할 말도, 해야 할 일도 다했다.

당시 '교단 정치' 상황을 돌아보자면, 예장합동의 거목이었던 박형룡의 퇴진으로 그동안 교권을 주도해 왔던 이른바 황해도 세력(이환수·박찬목·황금천 목사)과 호남 세력(정규오 목사)이 약화되고, 평안도 세력(김윤찬 목사)과 영남 세력(이영수 목사, 배태준 장로)이 힘을 얻으면서 교단 내부에서 주류 세력이 교체되고, 총회 안에서 새로 주도권을 장악한 영남

권 교회들이 호남권 교회를 노골적으로 소외시키면서 교권을 둘러싼 다툼이 치열하게 벌어지고 있었다.[9]

이 과정에서 총신의 재단 이사회와 전체 이사회를 장악한 평안도와 영남 세력에 의해 평북 철산 출신의 김희보 목사가 새 학장으로 선임되자 정규오 목사를 중심으로 한 반대쪽에서 김의환 교수를 신복음주의자로, 김희보 학장을 문서설자로 규정하고 총신 신학의 좌경화를 규탄하면서 총회와 신학교의 정화를 주장하고 나선 것이다.[10]

게다가 문제를 들추어내어 고치기는커녕 이미 드러난 문제까지도 감추고 부인하며 되술래잡기에 바빴던 이른바 주류의 행태가 사태에 기름을 붓는 데다가 그 와중에 앞서 언급한 총신의 신학적 좌경화 문제까지 불거지니 상황은 악화일로를 걷고 있었다.

평양신학교를 계승한다고 자임하는 총신의 신학 노선이 좌경되어 신복음주의로 흐르고, 문서설이 공공연히 가르쳐지고 있다니, 칼빈주의 개혁 신앙을 보수하려는 조경대로서도 용납할 수 없는 일,[11] 이 시기, 조경대는 보수 교단의 중견 목회자로서 칼빈주의 개혁 신앙에 대한 확고부동한 태도를 취한다.

동시에 이영수 목사를 중심으로 한 주류 측의 전횡과 독재에 대해서도 분명한 반대 입장을 표했을 뿐만 아니라 이를 행동으로도 옮겼다. 주류 측이 깡패를 동원하여 폭력적으로 비주류 총대들의 총회장 진입을 가로막음으로써 대구 동부교회 예배당에서 예정된 제64회 총회(1979년)가 불법으로 흘러가자 이에 맞서 새로이 총회를 구성하였던 대구은일교회와 서울 청암교회에서도, 개혁 총회의 출범을 알린 제69회 총회(1985년)가 열린 전주서문교회에서도 조경대는 늘 현장을 지키면서 '바른말'을 하고, 그 말을 행동으로 옮겼다. [12]

특히 보수 측(합동 보수)과 개혁 측(합신), 그리고 중립 측이 힘을 한데 모아 '대한예수교장로회 개혁총회'를 결성한 제69회 총회에서는[13] 부총회장을 맡아 "바른 신학, 바른 교회, 바른 생활"을 이념으로 한 개혁주의 보수 신앙 운동을 주도하였다.

어디 그뿐인가. 개혁 진영을 이끌었던 정규오 목사와 그를 따르는 광주 지역 교회들이 제85회 총회(2000년)를 계기로 개혁 교단에서 대거 이탈하여 "합동 교단과 개혁 교단이 신학적으로 다른 것이 없다"며 기왕의 개혁 운동을 부정하면서 합동 교단으로 복귀할 때도 조경대만큼은 달랐다.[14] 총회의 정화를 주장하며 신학 논쟁을 주도했던 이들이 개혁의 대열에서 이탈하여 본래의 교단으로 대거 회귀하는 현실 전개는 다만 '신학의 외투를 입은 정치'의 맨살을 드러낸 것에 다름 아님을 꿰뚫어 본 조경대는 비록 존경하는 동향 선배요, 목회와 개혁운동의 선배였지만, 정규오 목사에게 바른말 하기를 주저하지 않았다.

지금 어렵고 힘들다고 크고 넓은 길, 바르지 못한 길을 가려고 해서는 안 된다고. 설령 그때는 정치적인 이유로 선택한 길이었다고 하더라도 이제라도 교권의 횡포로부터 자유로운 교회, 교단 정치로부터 독립하여 개혁 신앙을 보수하는 신학교를 위해서 힘들더라도 '좁은 길'을 가야 한다고 말이다.

비록 그의 충심은 외면당했지만, 신앙과 신학에 대한 그의 고지식한 결기가 오늘 개신대학원대학교를 있게 한 원동력이 되어 주었던 것이다.

'사유'와 '독점'이
문제다

　이렇듯 조경대가 자주 '바른말'을 해야 했다는 것은 그만큼 현실이 바르지 못하였기 때문이기도 하다. 조경대가 살며 겪어야 했던 현실은 그가 추구했던 '진리'와는 거리가 멀었다. 나라가 그러했고, 사회도 교회도 그랬다. 유신과 신군부의 독재가 그러하였고, 금권만능으로 치닫는 사회가 그러하였으며, 교권의 횡포가 난무하는 교회가 또한 그랬다. 나라나 사회는 그렇다 치더라도 교회만큼은 달라야 했다.

　무릇 교회라면, 그리스도인이라면, 세상과는 달라야 하지 않은가. 세상의 잣대로 세상을 해석하고, 세상의 방식으로 세상을 대할 수는 없잖은가. 그리스도인은, 교회는 그냥 한 사람, 한 단체가 아니라 하나님의 자녀이고 백성이기에, 그 말씀 위에서 구별된 삶을 살아야 마땅하다. 그러니 바르지 못한 현실을 두고 바른말을 하는 것이야말로 정직한 신앙일 테다.

조경대가 목도한 바르지 못한 현실의 바탕에는 대개 '사유'와 '독점'을 향한 욕망이 똬리 틀고 있었다. 교단과 신학교를 둘러싼 갈등과 분쟁은 예외 없이 교회를 사유화하고 교권을 독점하여 전횡을 일삼는 데서 비롯되었다.

70년대 후반 '총신 정화'의 요구가 나온 배경도 이영수 목사 등 주류 세력들의 교권 독점과 신학교 사유화였다. 합동총회는 제55회 총회(1970년)부터 총회 임원 선거에 금품이 오가는 등 선거 타락 행태가 횡행하였고, 총신 또한 소수 실력자들이 법인 정관을 개정하여 총회나 교회의 뜻과는 상관없이 오로지 사리사욕과 당리당략에 따라 운영되고 있었던 것이다.

하여 조경대는 개혁 진영의 신앙 동지들과 함께 "총신대의 막중한 재산은 재단 이사 15인의 개인 사유화가 되었으며 그중에서도 목사는 이영수 씨만이 남아 독재하고 있다.

신학교 운영권을 가져야 할 총회는 이영수 씨 1인 독재 정치의 일관으로 불신앙과 부정으로 불법 운영되고 있다"라고 주장하며[15] 바른말을 할 수밖에 없었다.

그러나 신학교 사유화와 교권 독점의 문제는 계속해서 '현재'의 문제로, 당면 현안으로 떠올랐으니 '바른길'을 가기 위해 분립한 개혁 교단에서도 같은 문제가 반복되었다.

1987년, 호기롭게 출발한 개혁신학연구원도 결국 '사유화' 논란을 비켜 갈 수 없었다. 교단과 개혁신학연구원은 말 그대로 범교단·범교회 차원에서 모금 운동을 벌여 충북 음성에 43억 원이 넘는 돈을 들여 땅을 사들이고, 60억 원이 넘는 건축비를 모아 학교를 짓고 마침내 1995년 2월 교육부 인가를 받아 신학과 학생 40명을 모집하여 그해 3월 1일 '개혁신학교'를 개교한바,[16] 전국 1,168개 교회가 모금에 동참하였고, 특히 조경대 목사는 종암중앙교회 교인들을 설득하고 독려하여 단일 교회로는 최고액인 6억 5,000만 원과 경상남도 합천의 땅 4만 5,000평을 기증하였으니 그 노력은 오죽했을 것이며, 그 감격 또한 어찌 말로 다 표현할 수 있을까.

그러나 기쁨도 잠시, 개혁신학연구원이 개혁신학교로

바뀌자 이내 '학제'(學制) 문제와 통학(通學) 문제가 불거진 데다가[17] 설상가상으로 신학교 사유화 움직임까지 더해졌으니, 당시 학교 재단 이사장이던 김수복 장로가 법인 이사 7인의 선출을 미루면서 가까운 친척들로 이사를 교체하여 학교를 사유화하려고 시도하였던 것이다.

제대로 된 신학교를 세우겠다는 일념으로 고군분투했던 조경대로서는 이 옳지 못한 현실을 수수방관할 수 없었다. 조경대는 그해 5월 24일 교육부 장관 앞으로 진정서를 제출하고, 6월 15일에는 종암중앙교회당으로 총회와 노회 임원 및 신학교 이사들을 초치하여 연석회의를 개최하는 등 신학교 사유화 문제를 해결하는 데 앞장섰다.

하지만 수습특별대책위원으로 동분서주한 조경대의 노력에 아랑곳없이 지속되는 신학교 사유화 책동과 총회의 분열 사태로 후원은 줄어들고, 부채에 시달리다가 급기야 학교 문을 닫아야 했고, 건물과 토지는 모두 국가 귀속 절차를 밟게 되었으니, 그 아픔은 오죽하였을까. 어디 조경대와 종암중앙교회뿐일까. 성수대교 붕괴 사건으로 세상을 떠난 딸의 조의금 1,550만 원을 들고 온 성도, 어렵게 모은 1,000만 원의 적금 통장을 들고 나타난 선교사, 건축비 모금에 동참

했던 전국 1,168개 교회와 교인들의 눈물과 헌신이 교권을
독점하거나 신학교를 사유화하려는 이들의 한낱 불의한 욕
망 탓에 빛이 바래고 만 것이다. 사유화와 독점의 욕망이 이
모든 분란과 불의의 주범이었던 셈이다.

제대로 된 교육,
제대로 된 신학교가 답이다

이 와중에도, 아니, 그럴수록 제대로 된 신학교에 대한 조경대의 열망은 더 뜨겁게 달아올랐다. 개혁신학교가 사실상 붕괴된 허탈한 상황이지만, 조경대는 개혁신학원 전체 이사회 이사장을 맡아 단설 대학원 설립을 추진하였다.

조경대는 최기진·이광복·전주남·문일호·이영환·변남주·김민광·손석태 등과 더불어 개신대학원대학교 설립 추진 위원을 맡아 당시 단설 대학원의 설립 조건인 436평 이상의 건물과 5억 4,000만 원 이상 수익용 재산을 확보하기 위해 적극적인 모금 활동에 나서 1998년 4월

81,551,680원, 5월 98,323,000원, 7월 130,899,980원, 8월 136,579,980원, 11월 142,279,980원을 모금하는 성과를 올렸다. 그러나 이러한 노력도 2000년의 총회 분열로 허사로 돌아갔지만, 예서 멈출 조경대가 아니었다.

조경대는 종암중앙교회 성도들과 함께 기도하고 토의한 끝에 신학교 건물을 짓는 데 필요한 돈을 종암중앙교회에서 부담하기로 뜻을 모으고, 2000년 2월 14일 개혁신학연구원 전체 이사회에서 진병도 장로를 통해 "종암중앙교회가 20억 원을 신학교 교사 준비를 위해 조건 없이 내놓기로 당회에서 결의했음"[18]을 보고토록 하였고, 이를 계기로 신학교 교사 이전을 위한 '7인 추진위원회'가[19] 결성되도록 이끌었다.

그리고 위원들과 함께 3개 후보지를 현장 답사한 끝에 서울특별시 동작구 노량진동 42-11 건물을 매입하여 2000년 2학기부터 이곳에서 수업할 수 있도록 하였다. 조경대와 종암중앙교회의 헌신적 노력에 호응하여 제86회 총회(2001년)는 "종암중앙교회로 하여금 2003년 12월 말까지 대학원대학교 인가를 받는 조건으로 개신원을 총회 인준 신학교로 변경"하도록 허락한다고 결의하였고, 조경대는 종암중앙교회 당회와 함께 대학원대학교 설립을 위한 연구와 추진을 위해 '9인 위원회'를 조직하는 등 실질적인 계획에 착수하였다.[20] 그리고 이 위원회의 보고를 토대로 2001년 12월 30일 제직회와 공동의회에서 9인 위원회에 학교 설립을 위한 전권을 위임하기로 결의하였다. 나아가 2002년 2월 15일 종암중앙교회 당회장실에서 모임을 갖고 학교법인 종암중앙학원의 이사회를 조직하여 '개신대학원대학교' 설립 추진 계획을 가시화하였다.[21]

조경대가 이토록 신학교 설립에 몰두한 것은 그가 생명처럼 지켜 왔던 개혁 신앙, "오직 하나님"을 향한 유일신 신앙을 제대로 전수할 신학 교육이야말로 불의한 사회 현실과 교회 현실을 개혁하고, 진리를 구현하는 길이라고 여겼기 때문이다.

중세 가톨릭교회의 신학적 오류와 도덕적 타락, 교황 중심의 신정 정치와 왜곡된 교회 체계에 맞서 "오직 성경, 오직 은총, 오직 믿음"의 원칙을 추세우고, 교회에 대한 하나님의 절대 주권을 확립한 개혁자들의 신앙과 정신에 터하여 새로이 '개신교회'가 출발하였던 만큼 오늘의 개신교회는 바로 그 개혁 신앙을 밑절미 삼아 사도들의 신앙으로, 초대 교회로 돌아가야 한다는 것이 우학리교회에서부터 형성된 조경대의 한결같은 신념이었다.

아무리 회개보다는 변명을, 쇄신보다는 안주를 좋아하는 것이 우리네 인간 성품일지라도 모름지기 그리스도인이라면 비틀거리면서도 회개하고 힘겹지만 쇄신하며 거룩함을 추구했던 개혁자들의 신앙과 삶을 좇아야 마땅하지 않은가. 이 땅에 사도들이 전한 바로 그 복음, 개혁자들의 신앙을 보수하고 전파하고자 했던 열망의 산물이 평양신학교 아니던가.[22]

그리고 그 평양신학교를 '이제 여기'에 되살리겠다는 것이 총회신학교 정화·복구 운동에서 개혁신학연구원, 그리고 개신대학원대학교로 이어 오기까지 한순간도 변개치 않았던 조경대의 뜻이자 꿈이었다.

개혁 신앙을 보수하는 제대로 된 신학교를 세우고 유지하려면, '교단 정치'로부터 자유로워야 한다는 것이 경험으로부터 우러난 조경대의 생각이었다. 돌이켜 보면 신학교가 우여곡절을 겪어야 했던 사연 대부분이 이른바 교단 정치 탓이었다. 정치에 휘둘리고 정치에 지배당하다 보니 어느새 신학교에서 '신학'은 사라지고 '학교'만 남는다. 거기에다 '학교'를 차지하려는 욕망까지 득시글대니 싸움이 끊어질 턱이 없었다.

조경대와 그의 신앙 동지들이 걸어온 길 또한 그랬다. 그래서 1979년 복구총회신학교의 출발을 앞두고 내어놓은 "신학이 정치를 지도하지 못하고 정치 밑에 신학이 지배되고, 유린되고 있다"라는 선언은 적확(的確)하기에 더욱 뼈아프다.[23] 개혁 신앙과 개혁 신학을 보수하고자 하는 신학교가 왜 정치에 농락당해야 했는지, 어떻게 정치에 유린당했는지 누구보다도 잘 알고 있는 조경대였다.

당시 총신의 신학적 좌경화를 둘러싼 논란만 해도 그렇다. 뒷날 논란을 주도했던 정규오 목사가 "합동 교단과 개혁 교단이 신학적으로 다른 것이 없다"라고 선언하고 자신이 분열주의자였음을 고백한 데서도 드러나듯이, 조경대의 진심과는 상관없이 당시 신학 논란은 이미 교권 투쟁의 들러리로 전락하고 있었던 것이다.

견고하게 형성된 두 세력이 교권 투쟁을 벌이는 와중에 제기되는 신학 논쟁은 제아무리 선의에서 비롯된 것이라 할지라도 그 의도와 상관없이 이미 '신학'의 영역을 벗어나 '정치'의 영역으로 옮겨 가기 마련인 탓도 있다. 총회의 정화를

주장하며 신학적 좌경화 논란을 일으킨 장본인들이 뒷날 개
혁의 대열에서 이탈하여 본래의 교단으로 대거 회귀하는 어
리둥절한 현실 전개는 다만 '신학의 외투를 입은 정치'의 맨
살을 드러낸 것에 다름이 없을 테다.[24] 패거리를 지어 정치
권력을 다투면서도 정통을 내걸고 예송(禮訟)을 벌였던 조
선의 유학자들과 그들이 벌인 파당 정치처럼 말이다.

그러므로 신학적 좌경화 논란은 결국 "신학이 정치를 지
도하지 못하고 정치 밑에 신학이 지배되고 유린"되는 상황
의 역설적인 표현이 되고 말았다. 1979년 합동 보수 교단으
로 출발하여 1985년 개혁의 이름으로 새 출발을 한 뒤로 발
생한 신학교를 둘러싼 여러 차례의 분란도 모두 이른바 교
단 정치, 교권을 둘러싼 갈등의 산물이고, 학교를 사유화하
려는 시도 탓이었다. 이로 미루어 개혁 신앙·개혁 신학에
굳건히 서려면, 신학 및 신학교가 교권으로부터 독립해야
함은 자명했다.

요컨대 신학교는 애오라지 신앙을 지키고, 신학을 다듬
어 교회에 복무해야 한다. 신학교가 교회가 아니라 교단 정
치, 교권에 복무하는 순간, 신학교는 한갓 제도이자 시설로
서 '학교'일 뿐이다. 그곳에 신학이, 신앙이 있을 리 만무하

다. 신앙과 교회에 복무하지 않고, 교권에 휘둘리고 교단 정치에 이용당하는 신학은 한낱 언술에 불과하다. 교회에서 정치나 행정 및 조직은 필요하다.

그러나 그것은 교회의 본질로서가 아니라 복음과 교회를 위한 부수적 산물로서 그러하다는 말이다. 정치 탓에 복음이 훼손된다면, 이야말로 본말전도가 아닐 수 없다.

정치가 권력이 되어 교회를 장악하고 신학을 좌우할진대 그 정치, 그 권력은 사탄의 종에 불과하다. 하여 조경대는 교권과 교단 정치에 휘둘렸던 신학교 역사에 대한 냉철한 반성 위에서 신앙과 신학을 연구·교수하는 신학교 본연의 지위와 역할을 훼손하는 안팎의 어떠한 '힘'도 용납하지 않는 그런 신학교를 세워야 한다는 확고한 원칙에 이른 것이다.

그리하여 개신대학원대학교 설립은 그 첫 단추부터가 남달랐다. 대한예수교장로회 제86회 총회(2001년)가 "종암중앙교회로 하여금 2003년 12월 말까지 대학원대학교 인가를 받는 조건으로 개신원을 총회 인준 신학교로 변경"하도록 결의하였고, 이에 조경대와 종암중앙교회가 이듬해 학교법인 종암중앙학원 이사회를 조직하였으며, 제88회 총회

(2003년)가 '총회 직영신학교 인수·인계 7인 위원회'가 개혁 신학연구원을 개신대학원대학에서 인계·인수하여 관리하도록 한다는 내용의 합의 보고서를 승인하는 과정을 통해 개교에 이른 것이다. [25]

총회 결의에 따라 총회 인준 신학교로 설립하되 종암중앙교회가 '학교법인 종암중앙학원'을 세워 정부로부터 설립 인가를 취득하여 개교토록 함으로써 더 이상 교권에 휘둘리거나 교단 정치에 휘말릴 일이 없도록 설계한 것이다. [26]

교단 직영 신학교는 정치적인 문제에 휘말릴 개연성이 많은 곳이라 제아무리 똑똑한 교수일지라도 정치적 후원자의 도움이 없이는 인정사정없이 몰아치는 교단의 정치적인 폭풍으로부터 견뎌 낼 수 없다는 것이 조경대가 경험한 신학교의 현주소였던 까닭이다.

그런 점에서 한 교회가 학교법인을 취득하고 대학원대학교를 설립, 인가받은 것은 한국 교회 역사상 최초의 일인 바, 이는 교권과 교단 정치, 학교의 사유화 분쟁이라는 해묵은 병폐를 극복하고, 총회와 신학교 사이가 통제와 간섭이라는 일방적 관계가 아니라 지원하고 지지하는 쌍방 관계를 정립하기 위한 새로운 시도로써 조경대의 꿈이 현실화하는 출발점이었다.

그러나 그 과정이 어찌 순탄하기만 했을까. 개신원을 개신대학원대학교로 승격시키기 위해 조경대가 불철주야하며 뛰어다니고 있을 때, 누군가가 노량진에서 수업을 이어가던 개신원에 대해 '무인가' 신학교라며 동작구청과 국세청에 투서를 넣은 것이다.

만약 '무인가'가 문제라면, 인제 와서 새삼 문제 삼을 이유가 없을 터, 추측건대 조경대와 개혁 진영의 성공을 못마땅해하는 쪽의 소행이 틀림없지만, 그렇다고 '그리스도 안에서 한 형제'인 이들, 그것도 얼마 전까지 개혁 동지였던 이들과 이전투구를 벌일 수는 없잖은가. 결국 법원으로부터 벌금 500만 원에 처해지면서 2002년 7월 24일, 개신원은 노량진 시기를 마감해야만 했다.

하지만 예서 수업을, 신학 교육을 포기할 수는 없었다. 교육부의 허가를 받기 전까지는 어떻게든 수업을 강행할 필요가 있었다. 아직 졸업도 하지 못한 채 각 학년에 발이 묶인 목회자 후보생들의 안타까운 처지는 더 말해 무엇 하겠는가.

이때 조경대와 개혁 동지들의 든든한 버팀돌이 되어 준

이가 있으니 서울시 강북구 도봉로 27길 80-17에 위치한 미아 소망교회의 장근태 목사와 성도들이다.

미아 소망교회는 당회 결의를 통해 교육관 일부를 임시 교사로 사용하도록 허락해 주었다. 지상 1층은 행정실로 쓰고, 지하 1층과 지상 2층은 강의실로 썼고. 채플은 본당 대예배실을 이용할 수 있었다. 미아 소망교회 여전도회가 나서서 교직원과 학생들의 점심까지 해결해 주었다.

교회와 신학교가 한 건물을 공동으로 사용하니, 신학교 쪽에서야 고마울 따름이지만, 교회 쪽은 불편이 이만저만이 아니었을 텐데도, 당회와 성도들은 오히려 자부심을 느낀다며 "우리 교회 교육관이 미래 목사를 양성하는 신학교로 사용되니 뿌듯하다"라고 하면서 신학교 관계자와 학생들을 위로하고 배려해 주었으니, 조경대는 아직도 그 고마움을 잊지 못한다. 한편에서는 끊임없이 해코지하려는 사람도 있는 마당에 이렇듯 물심양면으로 도와주는 이들이 있기에 역사가 이루어지나 보다. 조경대는 아마도 그 고마움을 영원히 잊지 못할 것이다.

이처럼 아름다운 이야기들이 드디어 기적을 이루어 냈다. 2002년 10월 30일, 교육인적자원부로부터 학교법인 종암중앙학원의 설립 허가가 났고, 마침내 2003년 4월 17일, '개신대학원대학교'가 개교하기에 이른 것이다.

서울시 강북구 도봉로 235에 교사를 마련하고 명실상부한 대학원대학교이자 총회 인준 신학교로서 새 출발을 하게 되었다. 통상 학교법인에서 단설대학원 신설 허가를 신청하면, 짧아도 2~3년이 걸릴 뿐만 아니라 그마저 보류되거나 무기한 연기되기 일쑤다. 이러한 실정을 감안할 때, 학교법인 종암중앙학원의 설립 허가는 너무나도 쉽게 순조롭게 진행된 셈이다.

이런 '쾌속' 개교에는 조경대의 헌신 외에도 종암중앙교회의 당회와 제직회 및 성도들의 눈물 어린 기도와 헌금, 재단 상임이사인 진병도 장로와 개혁신학연구원의 총무처장이었던 정해송 목사, 법인 사무국장이던 이영학 집사의 수고가 큰 힘이 되었다.

조경대가 개혁신학연구원의 나용화 교수의 손윗동서인 배야섭 목사의 소개로 알게 된 당시 국회 교육위원 김경천 의원(장로) 또한 설립 인가를 위해 여러모로 애를 써 주었다. 이 모든 이들의 기도와 수고에 힘입어 조경대 필생의 과업이 한 걸음 진전되었으니 조경대는 늘 감격하고 감사

할 따름이다.

　신학 교육에 대한 조경대의 열망과 일념은 그의 일상 경험에서도 비롯되었다. 특히 세계 선교를 감당하기 위해서는 한국 교회 목회자들의 실력을 양성하는 것이 절실하다는 것을 경험을 통해 깨친 바 있다.

　네덜란드엘 갔는데, 교회가 황폐해졌어요. 예배당이 모두 커피숍이나 술집으로 바뀌었고. 특히나 장로교회는 찾아볼 수가 없더라고. 장로교의 본산 아니던가 말이야. 아브라함 카이퍼(Abraham Kuyper) 같은 사람도 나오고. 그런데 그렇게 된 거야. 한심하더라고. 아, 우리는 잘해야겠구나, 생각했지. 이제 우리가 선교해야겠구나.

　기독교 신앙을 전수받았던 우리가 이제 기독교 신앙을 전수하는 위치에 선 만큼 세계 선교의 전망을 뚜렷이 할 필요가 있다. 그러려면 한국 교회 내부를 단단히 다지되 특별히 목회자에 대한 교육이 중요하다.

　암스테르담을 갔는데, 우리 목사들이 한 30명인가 갔어.

영어 하는 사람이 한 사람도 없어. 김장환 목사가 함께 갔는데, 그 사람밖에 없는 거야. 그때 빌리 그레이엄(Billy Graham) 집회에 수천 명이 모였는데, 우리 가운데 영어 하는 사람이 하나도 없어. 참 한심하더라고. 선교한다고 맨날 돌아다니면 뭐 해요. 그 나라 말도 못 하면서. 기껏해야 한국 사람 몇 모아 놓고 설교하는 것밖에 더해? 이래서는 안 되겠다, 교육을 시켜야겠다. 인재 양성을 해야겠다고 생각했지. 그래서 돈을 모은 거야, 절대 안 쓰고. 그래서 학교를 세웠어요. 이 개신대학을 세운 거야.

그래서 조경대는 개혁신학원 전체 이사회 이사장을 맡았을 때부터 줄곧 엄격한 학사 관리와 면학 분위기 조성을 주문했다.

많은 신학교에서 이른바 '소명'이나 '은혜'를 구실 삼아 '웬만하면 졸업시켜 주는' 일이 비일비재하지만, 그래서야 어떻게 세계 선교를 감당하겠는가. 그리하여 일부의 원성에도 불구하고 학사 관리를 엄격하게 하고 대학원 과정에 맞는 수업을 빈틈없이 진행하여 신학교로서 면모와 학풍을 세우도록 한 것이다.

개혁신학연구원과 개신대학원대학교가 출결과 과제 관리를 정확하게 하고 채플을 비롯한 경건 모임과 전도 훈련 등의 학교 일정에 학생들이 반드시 참석하도록 하는 등 교계의 어느 학교보다도 알차고 짜임새 있는 학교, 작지만 기본이 확립된 학교, 뿌리가 있는 학교로 자라날 수 있었던 바탕에는 조경대의 확고부동한 원칙이 놓여 있었다.

1993년 미국 낙스신학대학원과 목회학 박사 공동학위 과정을 개설하고 지금까지 130명이 넘는 목회학 박사를 배출한 데도 조경대의 독려와 지원이 크게 작용하였음은 주지의 사실이다. 학문의 수월성(excellence)에 대한 조경대의 관심이 얼마나 지대한지를 알 수 있게 해 주는 이야기다.

그런데 제대로 된 신학 교육을 가로막는 장애물이 어디 교단 정치와 교권뿐일까. 범접할 수 없는 권위도 있을 수 있고, 좀체 바뀌지 않는 풍토나 태도도 있을 테다. 하나님 아닌 그 무엇도 절대시하지 않는다는 것이야말로 개혁 신앙의 요체가 아니던가. 그 누구도, 그 어떤 이념이나 이론도, 그 무슨 법이나 제도도 영원할 수 없기에 교회와 신학교를 옥죄어 숨 막히게 만드는 장애물은 그것이 무엇이건 고칠 것은 고치고 바꿀 것은 바꾸어야 할 것이다.

그리하여 조경대는 신학교 안에서 교권이 발호할 여지를 최소화한 마당에 가장 경계해야 할 것은 권위에 대한 맹목적 추종, 특정 이념과 이론에 대한 교조의 자세임을 간파했다. 이제껏 벌어진 교권 다툼, 신학교의 파행을 헤쳐 볼라치면, 그 안에는 대개 특정 인물이나 이념에 대한 추종이 똬리 틀고 있었음을 누구보다 잘 아는 조경대였다.

장로교에서 박형룡 박사가 그런 존재였고, 개혁 진영 안에서는 정규오 목사가 또한 그러하였다. 그이들의 공적을 폄하해서도 안 되겠지만, 그렇다고 해서 박형룡 신학을 개혁 신앙·개혁 신학의 표준인 양 떠받는 것도 곤란하고, 무조건 정규오 목사를 추종해서도 안 된다.

안타까운 것은 개혁 총회와 개혁신학연구원 안팎에서 일어난 일련의 갈등 과정에서 박형룡의 신학이 마치 개혁 신학의 잣대인 것처럼 사용되었고,[27] 개혁 진영 내부 특히 광주권 교회가 정규오 목사를 지나치게 추종하였다는 사실이다.

조경대는 개신대학원대학교에서만큼은 하나님 아닌 그 무엇도 절대시될 수 없다는 점을 분명히 하였고, 다행히 구성원들도 이에 호응함으로써 이제 개신대학원대학교는 여느 신학교와 달리 그 누구도, 그 무엇도 교조의 대상으로 삼지 않는다. 한신대학교가 자유주의 신학과 정치신학의 틀에 갇혀 있고, 고신대학교는 사회적 관심이 부족한 근본주의 신학의 색채가 여전하며, 총신대학교는 박형룡의 교의 신학의 권위를 추종하고, 합동신학대학원대학교가 박윤선의 성경 신학에 크게 의존하고 있는 것과 사뭇 다른 점이다. 여기에는 조경대의 결단이 필요했음은 두말할 나위가 없다.

흔히 말하는 '설립자'가 아니던가. 더 나가면 '교주(校主)'라고도 불릴 만하다. 학교를 세우는 데 기여한 몫을 내세우며 평생토록 전횡을 일삼는 이른바 '교주'들이 넘쳐나는 현실에서 자기 몫을 포기한 조경대의 결단과 선택은 신선하고 정의롭다.

이념이나 이론은 물론이고 사람에게서도 독립해야 제대로 된 신학 교육이 이루어질 수 있다는 그의 신념과 원칙이 학교를 제 맘대로 좌지우지하고픈 천박한 욕망을 거꾸러뜨린 것이다.

이로써 개신대학원대학교는 교단은 물론이고 하나의 강력한 권위에 의한 통제가 없는, 말 그대로 자유로운 대화와 토론을 통한 학문 발전에 가장 맞갖은 학교로 다시 태어났다. 교조적이고 주관적인 정통 시비가 난무하고 정치적 이단 감별사들이 설쳐 대는 한국 교회 현실에서 신학적 성찰과 논의를 통해 개혁 신앙·개혁 신학의 본질을 확인하고, 이에 근거하여 일치와 자유의 준거를 마련해 낼 적임자로서 말이다.

살리는 신학,
살아 있는 목회를 가르치다

개혁 신앙과 개혁신학을 향한 조경대의 의지, 사도들이 전한 바로 그 복음의 뿌리로 돌아가려는 조경대의 열망, 평양신학교를 '이제 여기'에 되살려 제대로 된 신학교를 만들겠다는 조경대의 뜻은 이제 개신대학원대학교로 이어져 개신대학원대학교의 신학적 정체성으로 현실화하고 있다.[28]

개신대학원대학교는 "살리는 신학"(참조 요 6:53; 고후 3:6)을 신학적 정체성으로 삼고 있다. 이것은 조경대가 생각하는 기독교이자 그가 지향하는 신학이며 그가 품어 온 교육 이념이기도 하다.

기독교는 본질적으로 살리는 종교입니다. 사도 요한은 우리에게 "하나님의 사랑이 우리에게 이렇게 나타난 바 되었으니 하나님이 자기의 독생자를 세상에 보내심은 그로 말미암아 우리를 살리려 하심이라"(요일 4:9)이라고 가르칩니다. 하나님의 사랑은 사람을 살리는 것입니다. 하나님의 사랑은 알쏭달쏭한 감정이나 값싼 친절이 아닙니다. 자신을 희생하여 다른 사람의 생명을 살리는 것입니다. 영적인 생명이든 육적인 생명이든 무조건 살리는 것이 하나님의 뜻입니다.[29]

조경대가 신앙하는 기독교의 본질은 생명을 살리는 종교다. 예수 그리스도께서 이 땅에 오신 이유도 살리는 데 있고, 이 땅에 교회를 세우신 것도 살리기 위함이다. 다만 우리 사회와 교회의 현실이 그렇지 못할 뿐이다.

우리 민족은 자기와 생각이 다르다고 해서, 자기의 편이 아니라고 해서, 자기에게 이익이 안 된다고 해서 편을 갈라 상대방을 욕하며, 소외시키고, 죽이는 일에 익숙한 백성입니다. 그런데 마땅히 살리는 일을 해야 할 교회 내에서도 자기 뜻에 안 맞고 손해를 본다고 해서 교단을 나누고, 교회를 쑥밭으로 만들고, 서로 죽이는 일을 합니다. 반목과 질시가 떠나지 않습니다.

식민지 시대와 전쟁, 군사 독재를 거치면서 우리 민족은 너무 많이 죽었고, 죽였다. 그것이 조경대가 살아온 시대, 조경대가 목도해야만 했던 시대다.

그래서일까. 우리 시대, 우리 사회는 삶보다 죽음에, 살리는 일보다 죽이는 일에 익숙하다. 살리는 일은 대서특필해야 할 특별한 일이고, 죽이는 일은 더 이상 뉴스거리도 되지 못하는 일상이다. 그것이 우리가 사는 세상이다. 그런데 말이다. 세상은 그렇다 치더라도 교회만큼은 달라야 했다.

교회는 생명을 살리는 곳이어야 했다. 그것이 기독교의 본질이며, 그것이 예수 그리스도의 삶이고 가르침인 까닭에서다. 그런데 불행히도 교회마저 죽이는 일에 가담했다. 일본 제국주의자들의 전쟁 책동에 협력하였고, 남·북으로 나뉘어 서로 총부리를 겨누는 데 앞장서고, 생명을 짓밟고 인권을 유린하는 군사 정권을 축복하며 죽이는 일을 거들었다.

어디 그뿐인가. 교회 안에서조차 툭하면 찢고 나누고 욕하고 정죄하며 싸움질하며 그리스도의 몸인 교회를 능욕하고 더럽혔다. 그것도 자칭 그리스도의 제자인 목사들이 앞장서서 말이다.

그러나 오늘날의 교회는 죽이는 신학이 세력을 얻었습니다. 우리는 살리는 신학과 살리는 목회를 해야 합니다. 하지만 일부 신학자들은 그리스도의 피로 사신 하나님의 백성을 선동하여 교단을 나누고, 교회를 찢어 대형 교회의 세력을 확장시키는 앞잡이 노릇을 합니다. 성경의 선지자들이 가졌던 신학과 신앙, 정신과 열정이 없습니다. 신학이 바로 서야 합니다. 신학자들이 바른 신학, 살리는 신학을 해야 합니다.

교회가 '죽이는 신학'에 포섭되었다는 것이 조경대의 진단이다. 살리는 종교로서 기독교의 본질을 구현하기 위해서는 기독교 신학이 '살리는 신학'을 지향해야 한다. 살리는 신학으로서 자기 정체를 뚜렷이 확립해야 한다. 신학이 바로 서야 한다. 신학자들이 바른 신학, 살리는 신학을 해야 한다. 기독교는 살리는 종교이기 때문이다.

기독교 신학은 생명을 살리는 신학입니다. 신학이 개인의 신앙뿐만 아니라 목회의 뼈대를 이루는 것이라면, 그 기조는 살리는 것이 되어야 합니다. 오늘날의 사회는 문명의 발전과 더불어 생명을 죽이는 이론과 방법도 지능화되고 다양화되었습니다. 따라서 신학자들은 이에 대응하여 살리는 신학 이론을 연구하고 살리는 신학을 현실의 생활에 적용하는 원리와 방법을 제시해야 합니다.

어디 신학뿐일까. 신학이 신앙의 표현이고 교회에 의한, 교회를 위한 학문일진대 신학은 어디까지나 교회에 복무해야 하고, 그러려면 목회로 구현되어야 한다. 그러므로 목회 또한 신학과 마찬가지로 '살리는 목회'를 뚜렷이 지향해야 한다. 기독교 목회는 사람을, 생명을 살리는 구체적인 행동이어야 한다는 것이 조경대의 목회 철학이다.

기독교 목회는 생명을 살리는 것입니다. 목회는 사람을 살리는 구체적인 행동이고 생활입니다. 하나님은 상한 갈대를 꺾지 아니하시고 꺼져 가는 등불을 끄지 아니하시는 분입니다. 그래서 아무리 호흡이 끊어져 가는 비천한 인생이라도 그 생명을 살리시는 분입니다. 예수께서는 꺼져 가는 한 인생을 살리기 위하여 자기의 목숨을 걸 때가 비일비재하셨으며, 결국에는 자기의 목숨을 내놓으시고 우리를 살리셨습니다. 사람을 살리는 것이 사랑입니다. 사람을 살리는 것이 진리이고 정의입니다.

조경대가 종암동 뒤편 개울 길을 따라 가난한 사람들을 찾아다니며 고무신 차림으로 쌀 포대를 나른 것도, 동대문 시장의 조그만 점포들을 둘러보며 가난한 장사꾼과 노동자들을 돌본 것도 모두 살리기 위해서였다. 사람을 살리는 것이 진리이고, 그것이 바로 목회자 조경대의 정의였다.

그래서 죽이는 세력이면, 그것이 교회 안에 있든 밖에 있든 그는 바른말을 해야 했다. 특히 한국 교회 안에서 비일비재하게 일어나는 무차별적인 이단 정죄를 자주 문제 삼았다. 한국 교회에서 반대쪽 사람들을 제거하는 방편으로 애용하는 이단 시비는 실상 거대 교단이나 교권이 한 목회자와 교회를, 신학자의 인격을 죽이는 일이라고, 사랑을 가르치는 교회가 함부로 해서는 안 될 일이라고 말이다.

예수께서는 살인에 대한 계명을 가르치시며, "나는 너희에게 이르노니 형제에게 노하는 자마다 심판을 받게 되고 형제를 대하여 라가라 하는 자는 공회에 잡혀가게 되고 미련한 놈이라 하는 자는 지옥 불에 들어가게 되리라"(마 5:22)라고 말씀하셨습니다. 살인이 육체의 생명을 끊는 것만이 아니라 사람의 인격을 무시하며, 명예를 짓밟는 것이라고 가르치신 것입니다.

물론 그 대가는 혹독했다. 일부 교단에 의해 교조적이고 주관적인 정죄와 이단 시비가 난무하는 한국 교회의 현실을 바로잡고, '살리는 신학'을 구현하기 위한 그의 용기 있는 행동은 거대 교단과 그들이 주도하는 여론에 의해 비난받기가 예사였다. 교회를 지키고 살리는 목회, 살아 있는 목회를 이어 가기 위한 그의 충정 또한 매도되기 일쑤였다. 그렇게 아픔도 있고 괴롬도 있었지만, 그래도 살리는 일이기에 조경 대는 늘 기뻤다.

사람을 살리는 곳에 자유가 있고, 기쁨이 있고, 감동이 있고, 빛이 있고, 용서와 화해와 구원이 있습니다. 그러나 사람을 헐뜯고 소외시키고 죽이는 곳에는 슬픔과 탄식과 어두움뿐입니다. 죽음이 세력을 얻는 곳에 또 다른 죽음이 전쟁을 불러옵니다.

툭하면 이곳저곳으로부터 고발당하고 비난받으면서도 조경대가 무너지지 않고, 살리는 목회의 한 길을 걸을 수 있었던 것도 그 힘겨운 여정이 도리어 그에게 자유와 기쁨을 가져다주었기 때문이리라. 그러기에 그는 자신 있게 말할 수 있다. 살리는 일을 하라고, 먼저 용서하고 먼저 화해의 손을 내밀어야 한다고 말이다. 그래서 조경대는 어제도, 오늘도 꾸준히 후학과 후배들에게 살리는, 살아 있는 신학과 목회를 가르치고 주문한다. 그것이 예수 그리스도의 제자가 걸어야 할 마땅한 길이라고.

우리가 하나님의 백성이요 그리스도의 제자라면 살리는 일을 해야 합니다. 예수님처럼 자기를 희생하여 대가 없이 살리는 일을 해야 합니다. 예수님처럼 생명을 살리는 용기가 있어야 합니다. 사람을 살리고, 가정을 살리고, 교회를 살리고, 나라를 살리고, 세계를 살리는 일을 해야 합니다. 누구에게든지 용서와 화해의 손을 내밀고 상생의 길을 모색해야 합니다. 또한 교인들도 이웃을 살리는 신자가 되어야 합니다. 그것이 성경의 가르침입니다.

이제껏 조경대는 그렇게 살아왔고, 앞으로 남은 날도 그렇게 살아갈 것이다.

추모의 글

“살리는 신학, 살아 있는 목회”를 가르쳐
한국 교회의 새로운 신학적 정통성을 세우고,
나아가서 전 세계를 움직일 수 있는
목회자와 선교사를 양성하는 신학교를 세우도록
하나님께서는 조경대 목사님께
세계적인 비전을 주시고 사명을 주셨습니다.

조경대 목사님을 추모하며

손석태(개신대학원대학교 명예 총장)

사랑하고 존경하는 조경대 목사님!

목사님은 금방이라도 6층 내 연구실 문을 열고, "손 총장, 가세!" 하고 나타나실 것 같은데, 이제 이 땅에서는 다시 볼 수 없는 먼 길을 떠나셨군요. 하나님께서 부르셨으니 가장 좋은 곳으로 가셨습니다. 이제는 부디 평안히 쉬시고, 우리 양 떼들과 가족들을 위해서 기도해 주십시오. 새 하늘과 새 땅에서 주님과 함께하시며 우리 한국과 세계를 위해서 기도해 주십시오.

목사님은 세상 사람들이 다 아는 기도의 사람이었습니

다. 매주 한 번씩 삼각산에 올라가 "하나님! 조경대가 왔습니다!" 하고 산이 울리도록 소리치고 기도하시던 기도의 용사였습니다. 이제 하나님 곁으로 가셨으니 사랑하는 양 떼들과 가족들을 위하여 더 많은 기도를 하시리라 믿습니다.

기도 이야기가 나왔으니, 목사님께서 제자들에게 늘 하시던 말씀이 생각납니다. 목사가 되려면 "삼방"을 잊지 말라고 가르치셨지요. 기도하는 골방, 공부하는 책방, 그리고 양 떼들을 찾아가는 심방, 그래서 목사들은 골방, 책방, 심방을 놓아서는 안 된다고 항상 강조하셨습니다. 그것이 목사님의 목회 철학이었습니다.

그래서 목사님은 종암동, 성북동을 비롯한 강북의 골목길을 아주 머릿속에 훤히 꿰고 계셨습니다. 그래서 지도에도 없는 좁은 골목길을 나더러 운전하며 가자고 하실 때, 저는 참으로 난처할 때가 한두 번이 아니었습니다.

생활고로 힘든 성도들이나 주일 예배에 참석하지 못한 성도를 찾아 함께 심방을 가자는 것이었습니다. 평소에 심방을 얼마나 자주 다녔으면, 저렇게 골목길을 꿰고 있을까 하고 감탄하곤 했습니다. 주일이면 단상에서 예배에 참석하지 못한 성도를 한눈에 알아보시고, 그다음 주 중에 꼭 그

성도의 집에 심방을 가셔서 예배를 같이 보고 기도하신다고 했습니다. 목사님은 심방의 목사였습니다.

사랑하는 목사님, 목사님은 그렇게 발이 닳도록 심방 다니면서도 설교문을 꼭 쓰셨다는 것을 알고, 저는 참으로 놀랐습니다. 목회자에게 설교처럼 중요한 것은 없고, 목회자를 양성하는 것보다 더 중요한 일이 없다는 것을 강조하신 목사님은 실상 일생을 목회자 양성을 위해서 바치셨습니다.

우리 한국의 대한예수교장로회는 1901년 5월 15일 평양신학교를 설립하여 목회자 양성을 시작하였고, 그 후 많은 우여곡절을 겪은 후, 대한예수교장로회 개혁총회가 1979년에 개혁신학연구원을 설립하고, 2002년 12월 3일에 교육부로부터 개신대학원대학교 인가를 받고, 2003년 6월 17일에 개교 감사 예배를 드렸습니다. 그러니까 평양신학교 설립 이후 100년 만에 대한예수교장로회 개혁 교단의 개신대학원대학교가 개교한 것입니다. 참으로 감격스러웠습니다.

바로 이 역사적인 일을 주도하신 분이 바로 조경대 목사님과 종암중앙교회 성도 여러분이었습니다. 당시 신학교가 난립하는 가운데 목사님은 신학대학교 설립을 주저하셨지만, 하나님께서는 목사님에게 강력한 사명을 주셨습니다.

6·25 전쟁과 4·19 혁명. 5·16 군사 쿠데타의 바람으로 온갖 이단들이 우후죽순처럼 생겨나고, 교파 간의 분쟁이 세상을 어지럽히는 난세에 정통 개혁주의 신학과 신앙을 바로 지도할 수 있는 교역자 양성의 필요성이 절실하게 요구되는 상황에, 하나님께서는 조경대 목사님의 마음을 움직이셨습니다.

"살리는 신학, 살아 있는 목회"를 가르쳐 한국 교회의 새로운 신학적 정통성을 세우고, 나아가서 전 세계를 움직일 수 있는 목회자와 선교사를 양성하는 신학교, 말하자면 한국뿐만 아니라 세계를 위한 신학교를 세우도록 하나님께서는 조경대 목사님께 세계적인 비전을 주시고 사명을 주셨습니다.

목사님이 종암중앙교회 교육관을 짓기 위해 준비해 두셨던 자금으로 세계적인 선교 교육관을 건축하시고는 대학 인가를 받기 위하여 기꺼이 바치시는 모습을 보고, 우리는 모두 감동했고, 하나님께 얼마나 감사했는지 모릅니다. 목사님께서는 재력가의 도움 없이 종암중앙교회의 가난한 성도들이 힘을 모아 이룬 이 일을 "우리 종암교회의 개미군단이 이루어 낸 일"이라며 자랑스러워하셨습니다. 그리하여 우리 신학교는 연구원 시절부터 지금까지 250여 명이 넘는 박사와 3,500여 명이 넘는 목사를 배출했습니다. 합동, 통합, 합신, 참례교, 감리교, 성결교 교단을 비롯하여 한국의 웬만한 교단에는 다 우리 대학교 출신 목회자들이 있습니다.

한국의 대형 교회 목사들(소강석·김은호·박정식·나학수·이영환 목사) 대부분이 우리 개신대 출신입니다. 다른 신학교 졸업생들 가운데 자기 교단 소속이 아닌 교회에서 목회하는 목사들이 있다는 사실은 참으로 찾아보기 힘든 놀라운 일입니다.

우리 개신대 출신들이 목회를 잘한다는 의미입니다. 또한 전 세계에 심지어 공산주의 국가에까지 우리 대학교 출신의 목회자가 없는 곳이 없습니다. 대한민국에서 이처럼 단일 교회에서 큰 신학대학교를 세운 일이 없습니다.

우리 신학대학교는 목사님께서 힘쓰신 대로 이제 세계적인 대학교로 성장해 가고 있습니다. 외국인 학생들이 우리 대학에 와서 석·박사 학위를 받고 모국으로 돌아가고 있습니다. 우리 대학교에서 박사 학위를 받은 한 형제는 몽골의 큰 도시의 시장이 되었다는 소식을 들었습니다. 목사님께서 뿌리신 씨앗이 싹이 나고, 열매를 맺고 있는 것입니다.

목사님은 종암중앙교회뿐 아니라 교계를 위해서도 많은 일을 하셨습니다. 노회장, 총회장, 기독교 호남협의회장, 기독교총연합회(한기총) 명예회장 등을 역임하며 교회의 연합과 건전한 교회 발전과 성장을 위해서 많은 힘을 쓰셨습니다.

또한 한국성경공회의 초대 총무로서 "바른 성경" 번역 사업을 위해서도 중요한 역할을 하셨습니다. 어디를 가시든지 교계의 어른으로서 후배들을 선도하고 지도하는 일을 하셨습니다. 그래서 한국 교회에서 웬만한 사람은 다 목사님의 이름을 압니다.

그래서 사람들은 고려대학교의 설립자 김성수 선생님, 광주 광신대학교의 설립자 정규오 목사님과 더불어 개신대학원대학교를 설립한 조경대 목사님을 가리켜 호남 출신 3대 기독인 교육자라고 칭하고 있습니다. 목사님이야말로 참으로 우리의 목자이시고, 스승이시며, 영적인 아버지이셨습니다.

계약신학대학원대학교를 설립하신 이병규 목사님이 부지 문제로 학교 설립 인가를 받지 못해 고생하고 계실 때, 목사님이 앞장서서 환경부에 찾아가 문제를 해결해 주시고,

학교 인가를 받게 하신 적이 있었지요. 이때 저는 속으로 우리 학교 인가는 못 내시면서 어떻게 남의 학교 인가를 받아 주실 수 있는지 못마땅하게 여기며 짜증 섞인 말씀을 드렸지만, 목사님은 이처럼 어려운 가운데 있는 이들을 아낌없이 도와주시곤 했습니다.

우리 중에 목사님의 도움을 받지 않았던 자는 거의 없으리라 생각합니다. 물론 목사님은 남에게 많이 받기도 하셨지만, 다른 한 편으로는 남에게 더 많이 주시고, 더 많이 베푸신 목자였습니다. 목사님이 직접 돕지 못하실 때는 다른 사람을 통해서라도 꼭 돕곤 하셨습니다.

사랑하는 목사님, 음성에 개혁신학교를 건축하실 때, 공사비를 모금하기 위하여 전국을 함께 돌아다니던 때가 지금도 생각납니다. 야간열차를 타고 아침에 여수에 내리면, 우리는 여수 항구의 어시장으로 가서 아침 식사를 했었지요.

저는 지금도 그때 함께 먹었던 금풍생이 구이를 잊을 수가 없습니다. 그때 목사님은 여수 노회 목사들 가운데 학교 건축비를 누가 얼마를 냈고, 누가 약속한 헌금을 아직 내지 못했는지 장부를 보지 않고도 일일이 다 머릿속에 꿰고 계셨습니다. 그러면서 다른 목사님에게 "자네는 얼마를 냈고,

아직 얼마를 못 냈는데, 빨리 내 주소" 하고 헌금을 독촉하셨지요. 그렇게 모금한 금액이 50억 원이 넘었고, 음성에 개혁신학교를 세울 수 있었습니다.

저는 목사님이 기억력이 정말 대단하신 분임을 알고 참으로 놀랐습니다. 목사님은 장부가 필요 없이 누가 얼마를 헌금했는지를 훤히 기억하시고, 알고 계셨습니다. 우리 보통 사람들과는 다른 기억 능력과 산술 능력을 하나님께서 주셨다고 생각했습니다.

그 기억력으로 수년 만에 만난 신학생들의 얼굴을 알아보시고, 이름을 부르시고, 지난 이야기를 나누셨지요. 목사님은 그야말로 천재적인 두뇌를 가지셨고, 그것을 주님을 위해서, 성도들을 위해서, 또 양 무리를 위해서 쓰시는 것을 보고 늘 감탄하곤 했습니다.

사랑하는 목사님, 저는 목사님께서 낙스신학대학원에서 명예 신학 박사 학위를 받으실 때의 일을 잊을 수가 없습니다. 제임스 케네디(James Kennedy) 목사님으로부터 학위를 받으시고, 강단에 올라가 감사의 말씀을 하셔야 했지요. 그래서 목사님이 한국말로 하시면, 제가 영어로 통역하겠다고 했더니, 목사님은 당신이 직접 영어로 하겠다고 우기셨습니다. 그때는 사실 난감했었습니다. 그래서 영문 원고를 써서 드렸더니 그날 밤잠을 안 주무시고, 그 원고를 아예 암기해 버리셨지요. 그리고 다음 날 단상에 올라가 영어로 연설을 하셨습니다. 온 청중이 우레와 같은 박수를 보내며 난리가 났었지요.

저는 그 일을 지금도 잊을 수가 없습니다. 칠십이 가까우신 노인이 어떻게 그러한 용기를 내실 수 있으며, 밤잠을 주무시지 않고 그 영문 원고를 암송하셨다는 사실이 기적 같았습니다. 졸업식 후에 졸업 파티가 열렸는데, 미국 사람들이 쉴 새 없이 찾아와 악수를 청하며 축하 인사를 하였는데, 하여튼 그들과 너무나 잘 어울리셨습니다. 저는 그 일을 지금도 잊을 수가 없습니다.

사랑하고 존경하는 목사님, 우리는 이제 잠시 떨어져 살게 되겠지요. 목사님은 예수님을 만나 예수님과 함께 새 하늘과 새 땅, 새 세상에서 새 아담, 예수님과 새로운 생활을 시작하실 것입니다. 우리도 언젠가 아마도 머지않아 목사님이 계시고 예수님이 계신 그곳에서 함께 만날 것입니다. 그리하여 우리는 새 아담, 예수 그리스도께서 만드신 새 하늘과 새 땅에서 다시 만나 새로운 세상을 살게 될 것입니다.

우리는 이 소망 가운데서 그날을 기다릴 것입니다.

우리가 다시 만날 그때까지 목사님께서는 하늘에서 하나님의 군사가 되시어 저 사탄의 세력을 물리치는 성전의 용사가 되십시오. 우리도 이 땅에서 하나님의 전신갑주를 입고, 저 마귀들을 대항하여 싸우겠습니다.

땅끝까지, 더 나아가 온 우주에 하나님의 공의와 정의가 이루어지는 새 하늘과 새 땅을 이루는 일을 할 것입니다. 그리고 주님이 부르실 때 주님 곁으로 갈 것입니다. 우리가 다시 만날 때까지 그리움을 안고, 그날을 기다리며 주신 사명을 감당하며 살 것입니다.

목사님! 부디 이 땅에서보다 더 용맹스러운 주님의 용사가 되시기를 기원합니다. 저는 "손 총장, 왔는가!" 하고 부르시는 목사님의 음성을 머지않아 들을 것입니다. 그리고 주님의 용사로서 목사님께서 남기신 일을 최선을 다해 이룰 것입니다. 우리 다시 만날 그때까지 안녕히 계십시오. 많은 빚을 진 자, 이 땅에서 인사드립니다.

목사님의 수고가
아름다운 열매를 맺기를…

김광채(전 개신대학원대학교 총장)

전도서 3장 1절 말씀대로 천하 범사에는 기한이 있습니다. 곧 모든 피조물은 유한합니다. 인간도 예외는 아닙니다. 아마 이 때문에 생자필멸(生者必滅)이라는 말이 생겼을 것입니다.

필자는 한때 조경대 목사님을 공개적으로 비판한 적이 있습니다. 그래서 펜을 들면서 송구한 마음을 금하기가 어려웠습니다. 하여, 이 글을 통해 조금이나마 사죄의 말씀을 드리고 싶습니다.

제가 목사님을 처음 뵌 것은 1989년 4월이었습니다. 당시 개신대학원대학교의 전신인 개혁신학연구원(약칭: 개신원)은 서울 강남구 청담동에 소재하였습니다. 제가 기억하기로, 목사님은 거의 매주 신학교에 오셨습니다. 목사님은 개혁 총회를 사랑하셨고, 개혁 총회의 신학교인 개신원을 사랑하셨습니다.

역사를 아시는 분은 아시겠습니다만, 개혁 총회와 개신원의 역사는 참으로 파란만장하였습니다. 왜냐하면, 개혁 총회와 개신원은 한 몸이나 마찬가지였는데, 개혁 총회는 본래 합동 측 교단의 비주류였기 때문입니다.

비주류! 아시는 대로 비주류의 역사는 고달플 수밖에 없습니다. 개신원 출신이지만, 합동 측 교단으로 가신 분들을 보면, 비주류의 굴레에서 벗어나 보려는 마음을 실천에 옮긴 분들이라 여겨집니다.

그러나 조경대 목사님은 평생 비주류의 길을 걸어가셨습니다. 많은 사람들이 개혁 교단을 떠났습니다. 그중에는 개혁 교단을 창립하는 데 앞장섰던 분도 있습니다. 평생을 함께했던 분들이 다 떠나갈 때, 목사님은 교단을 지키는 데, 신학교를 지키는 데 혼신의 노력을 다하셨습니다.

물론, 목사님은 1930년대에 남쪽 바다 섬에서 태어나신

데다가, 남들처럼 공부를 많이 하신 분이 아닙니다. 그래서 인지, 야성미가 넘치시기는 했습니다.

하지만 본인의 한계를 솔직히 인정하시는 분이었습니다. '한계'라는 단어는, 종교개혁자 칼빈이 자주 사용했던 단어입니다. 유한한 존재인 인간이 자신의 한계를 인정한다는 것은 대단히 중요한 일이지만, 많은 사람이 이 일을 소홀히 할 때가 많습니다.

목사님은 당신의 한계를 잘 아셨기 때문에, 신학교에서 직접 강의하겠다고 나서신 적이 없습니다. 모 교단의 신학교 설립자는 아무리 보아도 학자 같지 않은데, '무슨 무슨 신학'이라는 용어까지 만들어서, 「국민일보」 같은 데에 대대적으로 홍보하기까지 했던 것과는 대조적인 모습입니다.

"왜 개신대를 총회에 바치지 않았느냐?"라고 물으시는 분들이 계실 것입니다. 그런 분들은 음성의 '개혁신학교' 건물이 흉물스럽게 방치되었다는 사실을 상기하시길 바랍니다. 어째서 그 건물을 방치하였습니까? 경기도 광주의 땅은 어떻게 되었습니까? 총회의 역대 임원 중 그에 대한 책임을 지는 분을 못 본 것 같습니다.

목사님이 세우신 종암중앙교회는 메가처치(megachurch)

가 아닙니다. 그럼에도 이 교회를 기반으로 하여 작지만 아담한 '개신대'라는 학교를 세웠습니다. 필자는, 종암중앙교회가 내실 있는 성장을 이루어 목사님의 이름을 빛내는 교회가 되기를 간절히 소원합니다. 또 '개신대' 역시 개혁 신앙의 전통을 신학적으로 되살리는 일에 앞장서서, 목사님의 수고가 아름다운 열매를 맺는 날이 있도록 해 주기를 바랍니다. 목사님! 수고하셨습니다. 사랑하고, 감사합니다.

조경대 목사님과의
추억을 회상하며

소강석(새에덴교회 담임 목사)

연말 교역자 정책 수련회를 인도하고 있을 때였습니다. 갑작스러운 연락이 왔습니다. 고(故) 조경대 목사님의 발인 예배 때 설교해 달라는 것입니다. 수련회를 인도하는 중이라 도저히 갈 수 없는 상황이었습니다.

그러나 조경대 목사님의 마지막 가시는 길을 함께하고, 유족들을 위로하는 마음으로 가게 되었습니다. 정말 그렇게 꺾이지 않으실 것만 같았던 조 목사님, 150년, 아니, 200년 이상 사실 것처럼 굳센 기상을 가지셨던 조 목사님도 세월 앞에는 어쩔 수 없다는 사실을 깨닫습니다.

조 목사님이 어떤 분인지 아십니까? 제가 개혁신학연구원에 다닐 때는 옆에도 못 갔을 정도로 정말 거산 중의 거산이셨습니다. 정말 그분 밑에서 교육전도사 한번 해 보는 게 소원이었습니다.

그 꿈을 이루지는 못했지만, 나중에 제가 개신대 출신으로서 가장 빠른 교회 성장과 교회 부흥을 이루자, 오히려 조 목사님이 먼저 저를 찾아오셨습니다. 그리고 이제는 형님처럼, 친구처럼 격의 없이 대해 주시며 이렇게 말씀해 주셨습니다. "우리 개신대학원대학교를 나온 사람으로서 목회에 가장 성공하고 축복을 받은 사람이 소 목사야. 소 목사 설교 잘하네. 설교가 너무 은혜롭네." 그때의 기억이 떠올라 어쩔 수 없이 우리 교역자들에게 양해를 구하고, 자기들끼리 워크숍을 하고 인선하도록 하고 가게 되었습니다.

그리고 저는 이렇게 설교했습니다.

우리가 모두 존경하며 사랑했던 우리 조경대 목사님. 하나님 앞에 부름을 받고 이 시간 엄숙한 발인 예배를 드리게 됐습니다. 그렇게 꺾이지 않으실 것 같았던 목사님. 저희가 볼 때는 150년, 200년이라도 족히 사실 것처럼 굳센 기상을 가지셨던 조 목사님도 세월 앞에서는 어쩔 수 없다는 사실을 비통한 마음으로 절감하고 있습니다. 아니, 주님의 부르심을 받을 때가 되어서 우리 조 목사님은 하나님의 품에 안식하게 되셨습니다.

저는 우리 조 목사님께서 세우셨던 개혁신학연구원을 졸업한 제자입니다. 제가 신학교를 다닐 때는 조 목사님이 그야말로 거산 중의 거산으로 보였습니다. 저 같은 사람은 감히 조 목사님 옆에 다가가 보지를 못했습니다. 참 섭섭했습니다. 조 목사님이 저 같은 사람, 신학교 다닌다고 집에서 쫓겨났던 외로운 사람의 어깨를 두드리면서 "잘하소! 잘하소!" 그런 위로를 해 주셨더라면, 얼마나 힘이 되었을까 그런 생각을 가질 때가 많았습니다. 그때 손을 좀 잡아 주시고, 밥도 사 주시면서 "어이! 우리 교회 와서 일 좀 하소. 일 좀 하소!" 하고 말씀해 주셨으면 하는, 그런 희망과 소망을 가져 본 적이 많았습니다. 그러나 아쉽지만 그렇게 하지는 못했습니다.

그런데 제가 서울에 올라와서 맨땅에서 개척해서 우리 조 목사님의 교회 부흥을 따라잡기 시작하면서부터 이제 조 목사님이 저를 눈여겨보시기 시작했고, 많은 사랑을 베

풀어 주셨습니다. 조 목사님은 저를 보실 때마다 마치 동생처럼, 친구처럼 격의 없이 대해 주셨습니다. 그런 거산 같은 목사님께서 형님처럼, 친구처럼 어쩌면 그렇게 소박하게 대해 주실 수 있단 말인가. 목사님은 "우리 개신대를 나온 사람으로서 목회에 자네가 가장 큰 축복을 받은 사람이야! 소 목사 같은 사람이 없어! 내가 정말 자랑스럽네!" 그러시면서 어깨를 많이 두드려 주셨습니다. 우리 조 목사님은 개신대학원대학교를 그토록 아끼셨습니다.

은퇴하시고 나서도 거반 한 달에 한 번씩 저희 교회로 오셔서 축도해 주셨고, 또 식사하시면서 "어이! 소 목사. 누구한테 설교학을 배워서 그렇게 설교를 잘하는가? 설교가 너무 은혜롭네! 은혜로워!" 하고 칭찬해 주시곤 했습니다. 축도하시기 전에 교인들을 격려하시던 그 말씀 한 마디 한 마디가 지금도 제 마음속에 조용한 파문으로 일고 있습니다.

제가 그런 생각을 해 보았습니다. '야, 사람이란 나고 봐야겠구나. 내가 목회의 축복을 받고 나니까 저런 어르신과 격의 없이 식사도 하고 대화도 할 수 있구나.' 그러면서 조 목사님이 오실 때마다 저는 지극한 정성으로 모셔 드렸습니다.

그런 제가 우리 존경하는 조경대 목사님의 장례식장에서 발인 예배의 설교를 하다니 이런 하나님의 은혜가 어디 있고, 또 이런 역설이 어디가 있단 말입니까. 학교가 청담동에 있었을 때, 복도에서 아는 체도 못 하고, 인사도 제대로 하지 못한 채 고개 숙이며 멀리서만 바라봤던 조경대 목사님, 그분의 장례식 예배에 설교자로 서게 되었으니 말입니다.

저는 지금 우리 교회 150여 명에 가까운 부목사, 전도사를 비롯한 전 교역자와 함께 내년 정책 수련회를 하고 있습니다. 우리 개신대 출신의 사역자들이 아마 어제저녁에 수련회를 마치고 늦게 조문하러 왔을 것입니다. 그러나 사실 저는 도저히 올 수 없는 상황이었습니다. 우리 조성헌 총장님이 그렇게 부탁하셨건만 목회의 대사를 앞둔 터라 선뜻 오기가 어려웠습니다. 그러나 우리 조경대 목사님께서 떠나시는 길에 꼭 함께하고 싶었습니다. 가족들에게 위로를 주고, 우리 종암중앙교회 성도들에게 희망을 주고, 천국의 소망을 주고 싶어서 얼른 달려왔습니다.

저는 오늘 조 목사님의 시신 앞에서 어떤 설교를 할 것인가, 또 어떤 말씀을 드려야 할 것인가 고민하느라 간밤에 잠을 이루지 못했습니다. 조 목사님과 마주쳤던 수많은 인연의 순간들이 제 마음을 너무나 울렁거리게 해서 잠을 이루지 못하여 아마 제 얼굴이 푸석푸석할 것입니다.

오늘 본문을 보니까, 아벨이 "죽었으나 그 믿음으로써 지금도 말하느니라"(히 11:4)라고 말씀하고 있습니다. 아벨은 죽었지만, 조 목사님처럼 장수하며 살다가 죽은 것이 아니라 형 가인에게 돌에 맞아 죽었지만, 그러나 믿음으로써 말하고 있다고 히브리서 기자가 증거하고 있습니다. 이걸 지금 상황에 대입하면, 우리 조경대 목사님은 육신으로는 돌아가셨지만, 그 영혼과 그 마음은 여전히 믿음으로써 말씀하고 계신다는 이야기입니다.

조 목사님의 영혼이 천국에 가셨을 때, 여러분, 아마도 그분의 기질과 성격상 춤을 덩실덩실 추셨을 것입니다. 전라도 말로, 아마 천국에 가셔도 전라도 말을 하시지 않을까요? "워메, 좋은 거. 워메, 좋은 거! 이 기쁜 마음을 내 가족들에게 전해 주어야 하는데, 이 기쁜 마음을 우리 종암중앙교회 성도들에게 전해 주어야 하는데…. 워메, 좋은 거. 워메, 좋은 거. 워메, 하나님! 워메, 하나님, 너무나 좋소! 이 천국에 오니까 너무나 좋소!"

여러분, 그렇게 천국에서 외치시며 춤을 덩실덩실 추고 계실 우리 조 목사님의 모습을 한번 상상해 보시기 바랍니다. 우리 육신의 귀로는 알아듣지 못하지만, 그분은 계속해서 외치고 계실 겁니다.

"사랑하는 내 가족들이여, 내 자녀들이여, 사모여! 내가 갔다고 절대로 슬퍼하지 마시오! 나는 이렇게 좋은 천국에 와 있소. 사랑하는 종암중앙교회 성도들이여, 이곳에 와 있는 우리 후배 목사들이여! 내가 갔다고 절대로 서글퍼하지 마시오! 이 땅에 살아있을 적에 하나님께 더 충성하시고, 절대로 싸우지 마시고, 교회를 하나로 세우는 일에 앞장서 주시기를 바라오.

내가 와서 보니까 천국에 상급이 있는데, 내가 개척교회 시절에 도봉산에 올라가서 무릎을 꿇고 눈물을 흘리며 '주여, 여기 조경대가 왔습니다!' 하고 기도하며 종암중앙교회를 세웠던 것들이 천국에서 이렇게 상급으로 쌓여 있는 걸 보니 우리 교회 성도들이 생각이 나요. 우리 사랑하는 가족들이 생각이 나요. 그러니 여러분도 이 땅에 살아있을 적에 부지런히 충성하고 눈물을 흘려 헌신하여 충성하시기를 바랍니다. 그래서 여러분이 천국에 올 때는 나보다도 더 큰 상급을 많이 쌓고 만날 수 있기를 바랍니다.”

여러분! 상상되십니까? 우리 조 목사님의 영혼은 아마 “워메, 좋은 거, 워메, 좋은 거! 여러분은 영혼 구원에 앞장서시길 바랍니다. 내가 천국에 와 보니 나사로가 본 것처럼 저 밑에 지옥이 보이는데 믿지 않은 영혼들이 아비규환 속에서 탄식하고 있습니다. 하나님께서 어쩐 일로 나를 이렇게 하나님의 종으로 선택하여 평생 사용하시다가 이 좋은 천국에 오게 하셨단 말입니까?” 하며 또 이렇게 외치실 것입니다. “여러분만 천국에 오실 게 아니라 부지런히 전도하셔서 많은 영혼을 천국으로 데려오시기를 바랍니다!”

여러분, 저는 성경 이야기를 그대로 전하고 있습니다. 우리 조 목사님의 영혼은 이미 천국에 입성하셨습니다. 지금 우리는 장례 절차를 엄중히 따르며 천국 환송 예배를 드리고 있는 것입니다.

거의 90여 년 동안 조 목사님의 그 숭고한 영혼과 생명을 담고 있었던 육신은 너무나 소중합니다. 언제가 주님이 다시 오시는 그날, 조 목사님의 영혼을 담았던 육신도 부활할 것이기에 우리는 조 목사님의 시신을 정중히 모시고, 이

본당에서 발인 예배를 드리고 있습니다. 이 말씀이 소망의 말씀이 되기를 바라고 거룩한 기쁨이 되기를 바랍니다.

우리 조 목사님이 저를 만날 때마다 신계륜 의원님 말씀을 많이 하신 게 기억납니다. 또 우리 김대중 대통령께서 재임하실 때, 어디서 그렇게 시계를 가져오셨는지. 저에게 많은 시계를 갖다주시고 사랑해 주셨던 게 기억납니다.

연말에 바쁘신데, 조경대 목사님의 천국 환송식을 위해 이 자리에 오신 성도들, 그리고 선배 동역자 목사님들 진심으로 감사합니다. 여러분, 우리도 언제가 조 목사님의 뒤를 따라갈 텐데, 조 목사님을 다시 만나는 그날을 바라보면서 부디 천국 소망을 가지십시오. 오늘 귀한 발인 예배를 잘 마치시고, 하관 예배에 이르기까지 엄중한 절차 속에 성령의 임재가 가득할 수 있기를 바랍니다.

형님 목사님이
참으로 그립습니다

홍재철 목사(한국기독교총연합회 제18대, 19대 대표 회장)

사랑하고 존경하는 형님, 조경대 목사님의 소천을 진심으로 애도하며 홀로 남으신 사모님과 자녀들에게 심심한 위로의 말씀을 드립니다.

10년이면 강산도 변한다는데, 형님과 제가 주님 안에서 만난 지가 50여 년이 됐으니 강산이 다섯 번이나 변했네요.

교회 단을 세우고 노심초사하시던 형님은 늘 한국 교단을 향한 걱정과 미래의 비전들로 가득 차 있었습니다. 한국 교단의 신학과 신앙이 어떻게 하면 예수 그리스도 중심의 보수 복음주의 개혁 신앙의 토대 위에서 굳건하게 설 것인가에 대한 열정으로 우리는 긴 시간 토론을 하였습니다.

목사님은 제가 목회하는 동안 일평생 잊지 못할 참으로 귀하신 분이고. 나의 보좌(保佐)이셨습니다. 제가 한국기독교총연합회 제18대, 19대 대표 회장에 당선된 것도 첫째는 하나님의 은혜요, 둘째는 형님의 보좌 같은 보살핌 덕분이었습니다.

또 자유 신앙으로 물들어 가는 한국 교회를 보시면서 WCC를 반대하는 일에 뜻을 모아 저의 울타리가 되어 주시지 않았습니까. 목사님은 세계한인기독교총연합회 명예총재이시며 한국기독교총연합회 명예 회장으로서 그 누구보다도 앞장서서 저의 신앙의 보좌가 되셨고, 신앙의 선배요 믿음과 의리의 목회자이셨습니다.

개신대학원대학교 제1회 졸업생이 한기총 대표 회장이 되었다 하니 그렇게 좋아하시고 저에게 개신대학원대학교에서 최초로 명예 신학 박사 학위까지 주신 분이 바로 형님 조경대 목사님 아니십니까.

종암중앙교회를 설립하신 목사님은 매주 삼각산에 올라가셔서 나라와 민족을 위해 기도하였던 다니엘과 같은 기도의 용사이셨습니다. 누가 그 일을 자세히 알겠습니까. 특별히 한국 교회의 신학이 변질될 대로 변질되어 보수 신학의 원조라 하는 교단과 신학교에서는 낮에는 보수 개혁신학을 주장한 척하다가 밤에는 WCC라는 해괴망측한 종교 다원주의에 매몰되어 소위 음녀와 손을 잡고 우리 주 예수 그리스도의 신성을 부인하고 모독하는 변질된 포스트모더니즘의 자유 신앙이 판치고 있을 때, 목사님은 선견지명으로 성령의 음성을 들으시고 장차 보수신앙과 칼빈의 개혁주의 신앙의 뿌리가 될 개신대학원대학교를 설립하셨습니다.

이를 통해 후진들, 곧 수천 명의 제자들에게 신앙의 뿌리가 될 초석을 놓으심으로써 귀한 믿음의 유산을 남기고 오늘 주님 곁으로 가셨네요.

목사님은 한국 교회에 복음주의가 뿌리내리게 하신 위대한 신학자요 성공하신 목회로 수많은 후배에게 올곧은 신앙을 보여 주시고 목회의 길잡이가 되어 주신 한국 교회의 살아 있는 신학의 거석이십니다.

무엇보다 존경하는 형님, 조경대 목사님은 정이 많으시고, 사랑이 많으신 분이었습니다. 형님은 후배들에게 때로는 따뜻한 미소와 해맑은 웃음을 지으셨고, 때로는 근엄한 아버지처럼 또는 형님처럼 복음주의 신학에서 벗어나지 말라고 꾸짖어 주셨습니다. 그 말씀이 우리 뇌리에서 잊히지 않을 듯합니다.

아프리카 속담에 "노인 한 명이 죽는 것은 도서관 하나가 불타는 것과 같다"라는 말이 있습니다. 한국 교회의 최고 어른이신 고(故) 조경대 목사님을 하늘에 계신 주님 곁으로 보내 드리니 참으로 망극(罔極)하고 참담하기까지 합니다. 한국 교회의 마지막 남은 희망의 등불을 잃어버린 것만 같습니다.

그러나 목사님이 남겨 주신 아름다운 믿음의 유산들은 한국 교회와 특별히 종암중앙교회 모든 성도님과 당회원들과 개신대학원대학교에서 배출한 수많은 목사님에게, 한국 교회의 역사와 미래에 길이길이 남을 것입니다. 목사님은 잊지 못할 산 증인이 되셨습니다.

사랑하고 존경하는 목사님, 89년의 나그네 생활을 해 오시느라 참 수고가 많으셨습니다. 그 수고를 어느 누가 알아줄 리 있습니까. 그러나 오늘 주님 곁으로 가셨으니, 그곳에서 주님이 양팔을 벌려 맞이하시며 "사랑하는 내 종아, 수고했노라" 하고 안아 주실 것입니다.

"우리의 연수가 칠십이요 강건하면 팔십이라도 그 연수

의 자랑은 수고와 슬픔뿐이요 신속히 가니 우리가 날아가나이다"(시 90:10)라고 성경이 말씀하시지 않습니까. 그럼에도 목사님은 찬란한 인생을 사셨고, 그 누구보다도 하나님의 은혜를 많이 입어 이 땅에서 최고로 성공한 목사가 되셨습니다. 오늘 천국으로 보내는 우리 마음에 계신 조경대 목사님이 참으로 그립습니다.

언젠가 저 천국에서 다시 만날 때 우리 두 손 잡고 기쁨의 회포를 나눠야겠습니다. 저도 은퇴한 지가 12년, 13년이 되어 갑니다. 나이 팔십을 훌쩍 넘겼으니 인제는 얼마 있으면 형님 곁으로 가게 될 것입니다. "많은 사람을 옳은 데로 돌아오게 한 자는 별과 같이 영원토록 빛나리라"(단 12:3)라고 하였으니, 평생 수많은 제자를 배출하신 목사님은 하늘의 별과 같이 영원히 빛나실 것입니다.

형님 목사님, 참으로 사랑합니다. 목사님과 55년 생활하는 동안에 즐거웠고 기뻤습니다. 주님 품 안에서 평안히 쉬십시오. 우리 주 예수 그리스도 안에서 다시 만나는 그날까지 영원한 안식을 누리시기를 간절히 기도하며 이 추모사를 드립니다.

믿음의
유산

손자 조현석(미국 럿거스대학교 생물학과 재학 중)

어릴 적에 저는 금요일 저녁마다 할아버지 집에서 사촌들과 함께 놀다가 자곤 했습니다. 할아버지께서는 집에 놀러 갈 때마다 항상 이 말을 따라 하라고 하셨습니다.

"나는 최고다. 할렐루야. 아멘!"

저희는 뭣도 모른 채 할아버지의 말씀을 늘 되뇌었습니다. 저희가 잠들기 전에 항상 안수 기도를 해 주시면서 "너희는 세계적인 인물이 되어라"라고 말씀하셨습니다. 저는 속으로 '세계적인 인물이 된다는 건 어떤 걸까? 말은 쉬운데, 어떻게 해야 세계적인 인물이 되지?' 하고 생각했습니다. 아마도 세계적인 인물이란 대통령이나 사회적으로 성공한 사람일 것이라고 단순하게 생각했습니다. 그 시절에 저는 세계적인 인물이 되는 것에는 별 관심이 없었고, 깊이 생각해 본 적도 없었습니다.

그런데 할아버지의 전기『나의 길, 우리의 길』을 읽으면서 그동안 미처 알지 못했던 할아버지의 생애를 알게 되었고, 할아버지께서 종암중앙교회와 개신대학원대학교를 위해 얼마나 피땀 흘려 노력하고 헌신하셨는지를 피부로 느끼며 깨닫게 되었습니다. 그 노력과 헌신 덕분에 지역과 전 세계의 많은 사람이 하나님을 알게 되었고, 더 나아가 할아버지께서는 그들이 주님을 영접하고 신학까지 공부하도록 뜻 깊고 소중한 영향을 끼친 세계적인 인물이셨다는 사실을 깨달았습니다.

전기를 읽으면서 할아버지께서 말씀하셨던 '세계적인 인물'에 대해 다시금 생각하게 되었습니다. 그 결과, 세계적인 인물이란 단순히 사회적으로 성공한 사람이 아닌, 세상에 복음을 전하는 믿음의 사람이라는 것을 깨달았습니다. 저도 진심으로 할아버지처럼 하나님을 세상에 알리는, 영향력 있는 세계적인 인물이 되고 싶어졌습니다.

저도 언젠가는 천국에서 할아버지를 다시 만날 텐데, 그때 할아버지께서 자랑스러운 손주로 생각하실 수 있도록 앞으로는 더욱더 "부지런하여 게으르지 말고 열심을 품고 주를"(롬 12:11) 섬기며 살고 싶습니다.

할아버지, 존경하고 사랑합니다! 보고 싶습니다.

"나는 최고다! 할렐루야, 아멘!"

| **3 부** |

종암중앙교회
조경대 목사와의
대담

월간 「현대종교」(1986년 9월호)
권두 대담

*30여 년 전 인터뷰를 지금 읽기 쉽게 다듬어
정리한 후 재구성하였습니다.

"그분은 돈이 생기면
자기 자신이나 가족을 위해
쓰는 법이 없습니다.
그러나 교회를 위하여서는
아낌없이 다 바칩니다.
한마디로 말해서 사심(私心)이 없습니다.

탁명환 「현대종교」 발행인

대담에 앞서

5,000여 교인이 있으며 년 예산 약 6억 원(건축 예산 포함)을 집행하는 큰 교회 목사가 셋집을 살고 있다면, 믿을 사람이 별로 없을 것이다. 서울시 성북구에 있는 종암중앙교회 조경대 담임 목사의 이야기다. 그동안 그의 가족은 부인 이종현(48세) 사모의 친구 집을 전세금 1,100만 원에 세 들어 살다가 최근에는 관리 집사가 집을 사 가지고 나가자 관리 집사가 살던 집에 세 들어서 살고 있다.

교회 당회원들이 아무리 사택을 구해 준다고 해도 막무

가내다. 교회를 짓느라고 빚까지 있는데, 목사의 사택 마련
은 어울리지 않는 일이라는 이유에서다.

교회를 건축하는 데도 두 번째로 건축 헌금을 많이 바친
조 목사의 생활은 그래서 늘 여유라는 게 전혀 없었다. 그러
다 보니 친구 목사들로부터 '짜다'라는 말도 듣고 있다. 그러
나 자기 자신을 위한 돈에는 지독히 인색하지만, 교회를 위
한 일에는 언제나 '큰손' 기질을 발휘한다. 아낌없이 다 내놓
는다.

종암중앙교회에서 조 목사의 오른팔처럼 건축에도 큰 공
을 세운 장로 중의 한 사람인 이효진(51세, 천일상사 대표) 장
로에게서 들어본다.

"그분은 돈이 생기면 자기 자신이나 가족을 위해 쓰는 법
이 없습니다. 그러나 교회를 위하여서는 아낌없이 다 바칩
니다. 한마디로 말해서 사심(私心)이 없습니다. 궁상스러
운 얘깁니다만, 작년까지 목사님 댁에 고물 흑백텔레비전
한 대밖에 없었는데, 금년에 어느 성도가 컬러텔레비전을
한 대 사 드렸습니다.

언젠가 우리 교인 한 사람이 제주도로 이사해서도 약속

한 건축 헌금을 꼬박꼬박 보내와 목사님이 너무 감사한 나머지 제주도에 가서 그 교인을 한번 만나 격려하고 기도해 주고 오겠다기에 교회에서 여비 10만 원을 드렸지요. 그랬더니 제주도에 갔다가 돌아와서 10만 원을 도로 내놓는 거예요. 웬 돈이냐고 물으니까, 그 교인이 왕복 여비를 주었으니까 교회 돈은 반납하는 것이랍니다. 그런 분입니다."

또 조 목사는 목회에 관한 한 욕심이 너무 많다고 동료 목회자들로부터 핀잔을 듣는다. 조 목사가 한번 전도하기로 기도하고 작정하면, 전도의 대상으로 찍힌 그 사람은 교회에 안 나오고는 못 배기게 된다.

고향 근처에서 서울로 이사를 와서 서울역 근처에 살던 사람이 있었다. 조 목사는 날마다 새벽 기도가 끝나기가 무섭게 그를 심방하여 기어이 종암중앙교회 교인으로 만들었고, 그 사람이 지금은 중직을 맡아 봉사하고 있다. 사무장 집사도 그런 사례다. 서울신문사에 다녔는데, 조 목사가 매일 집으로 사무실로 찾아와서는 다방이고 사무실이고 가릴 것 없이 큰 소리로 기도해 주니 안 나오고는 배길 도리가 없었다는 것이다.

기도와 심방으로 큰 교회를 일군 진리의 파수꾼을 만나다

1986년 7월, 네덜란드 암스테르담에서 열렸던 빌리 그레이엄 대회에 참석하고, 성지 순례를 마친 후 돌아온 조경대 목사(51세)를 8월 10일 주일 예배 후에 종암중앙교회 당회장실에서 만났다.

탁) 참으로 오랜만입니다. 해외 출장에서 돌아와 아직 여독이 안 풀리셨을 텐데, 피곤치 않고 건강해 보이십니다.

"예, 제가 목회 생활을 하는 데 하나님이 주신 가장 큰 축복이 건강의 축복입니다. 이 교회를 맡아서 16년간이나 목회해 왔지만, 한 번도 아파서 누워 본 적이 없으니까요."

탁) 건강의 비결은 무엇입니까?

"목회에 미치는 것이지요. 딴생각하지 않고, 한눈팔지 않고 목회에 전념하는 것입니다. 새벽에 일찍 일

어나 새벽 기도를 하니 운동이 되고, 또 철야 기도를
하니 하나님이 은혜를 주십니다.”

탁) 듣자니 이번에 해외 집회 참석과 성지 순례를 하는
데 쓰시라고 장로님들이 거둬 둔 여비를 깡그리 교
회에 다 헌금해 버리고 가셨다고 하던데요.

“예, 가난한 동네에서 건축하느라 빚진 것을 아직도
못 갚고 있는 처지에 목사가 교인들이 거둬 주는 돈
으로 해외 여행을 하고, 성지 순례를 한다면, 그건 비
난받을 일입니다. 남들이 욕해요. 주제 파악도 못 하
는 위인이라고요.”

〔옆에 앉아 있던 사무장 이용범(49세) 집사가 한마디
거든다.〕
“목사님께 야단맞을 소리지만, 해야겠네요. 목사님께
서 화란(네덜란드)에서 열리는 빌리 그레이엄 대회에
초청받아 참석하신다고 준비하니까 장로님들이 모여
서 십시일반으로 거둔 돈이 400만 원쯤 됐지요. 그래

서 목사님께 여비로 보태 쓰시라고 드렸더니 그다음 주일에 몽땅 건축 헌금으로 바쳐 버리셨어요. 우리 목사님은 그런 분입니다.”

탁) 그럼, 무슨 돈으로 가셨습니까?

“제가 잘 아는 고향 친구 아무개 장로가 해외에 간다고 했더니 선뜻 100만 원을 보태 주었고, 또 다른 교회 장로님이 100만 원을 보태 주고…. 그럭저럭해서 마련된 경비로 빠듯했지만 잘 다녀왔습니다. 그래도 우리 교회 처지로는 미안하기 짝이 없습니다.”

탁) 목사님은 오직 ‘기도와 심방’ 두 가지로 목회에 성공하셨다고요?

“성공이요? 나처럼 실패를 많이 하고, 시행착오가 많았던 목회자도 없을 것입니다. 그러나 하나님은 사랑해 주시지요. 사랑받는 비결은 오직 기도뿐이에요. 교회를 개척하고 나서 13년간 눈이 오나 비가 오나 겨울이나 여름이나 가리지 않고, 꼭 금요일이면 도봉산에 가서 밤을 지새우면서 기도를 드렸는데, 2년 전부터는 교회에서 철야 기도를 드리고 있습니다. 이제 또 내년부터는 철야 산 기도를 다시 해 볼까 합니다. 또 하나님이 사랑하시는 양 떼들을 성심성의껏 돌보아 드리니 하나님이 좋아하실 수밖에 없습니다."

 목사님께서 종암중앙교회를 개척하시게 된 동기를 말씀해 주시지요.

"예, 저는 아시다시피 전남 여천군 남면 우학리라는 인구 1만 3,000명이 사는 섬에서 자랐고, 조모님 때부터 신앙을 유산으로 받아 성장해 왔습니다. 1964년에 총회신학교(사당동)를 졸업하고 나서 첫 부임지가 고흥군 남양교회였지요. 거기서 3년간 시무하다가 순천으로 목회지를 옮겨서 대대교회를 담임하였습니다. 서울로 올라오기 직전인 1970년 10월 25일 주일까지 설교하고 상경해 버렸지요. 순천의 그 교회에서는 약간 어려운 일이 있고 해서 사직했습니다."

탁) 그래서 이 교회를 처음부터 거창하게 시작했던 겁니까?

"아닙니다. 서울로 올라올 때, 빈손으로 온 사람입니다. 맨손으로 올라와서 여수 우학리교회 출신인 김안식 집사(현재 장로)의 비좁은 방에서 14명인가가 모여 첫 예배를 드렸지요. 그때 함께했던 김정우 집사, 주종옥 집사(현재 안수집사), 또 파라과이로 이민 간 김정수 장로 등이 생각납니다.

2개월 만에 40여 명이 모였고, 교회 건물 전세금으로 쓸 헌금 31만 원이 마련되어 12월 5일 종암1동 동장 집 2층을 얻었습니다. 한 3년쯤 지나니까 교인이 200여 명이 넘게 되었지요. 그래서 비좁아서 안 되겠다 싶어서 현 교회당 자리인 68평 대지에 건평 43평짜리 임시 교회 건물을 지었습니다. 그새 교인도 300여 명으로 불어났고요."

탁) 그런데 어떻게 이렇게 고상하면서도 큰 교회를 지었습니까? 부자 교인이 있는 것도 아니라고 들었는데요.

"예, 저희 교회는 부자 교인이 하나도 없는 그런 교회인데, 온 교우가 모두 '내 교회'라는 의식을 가지고 힘껏 헌금했고, 헌금할 돈이 없는 교인은 몸으로 대신 봉사했습니다. 참으로 눈물겨운 일화가 많습니다. 제가 앞장서서 헌금하고, 일하며 본을 보였지요. 목자가 앞장서면 양들은 따라오기 마련입니다.

처음에는 이 자리에 43평짜리 임시 건물을 지었었고, 후에 이웃 주택을 열두 채나 사들여 확장했습니다. 지금은 연건평 1,200평에 지하 2층, 지상 4층으로 총 6층짜리 아담하고 아름다운 성전이 되었습니다. 모두가 위로는 하나님의 크신 은혜요 아래로는 우리 착하디착하고 성실한 교인들 덕분이지요."

탁) 서울에 올라와서 짧다면 짧고 길다면 긴 16년이란 세월 동안 목회에 이만큼 성공을 거둔 비결이라도 있습니까?

"세 가지가 있습니다. '말씀 중심, 기도 중심, 희생정신', 세 가지를 철저하게 발휘하고, 죽을 각오로 해나가면 안 되는 일이 없습니다. 목회하는 데는 양들에 대한 욕심이 많아야 합니다. 남들보다 양들을 더 사랑해야 하고, 심방도 더 해야 하고, 양들을 돌보는 일에도 남에게 뒤지면 실패합니다. 주인은 하나님이시고, 목회자는 양치기가 아닙니까? 부지런히 양을 돌보면, 주인 되시는 하나님께서 기뻐하실 수밖에 없어요."

탁) 교인 관리는 어떻게 하십니까?

"우리 교회는 7교구에 180개 구역이 있습니다. 금요일 밤 구역 예배에는 평균 90% 이상이 참석합니다. 교구 담당 목사와 전도사에게는 교인들에 대해 완전히 책임지도록 책임 목회를 시킵니다.

만약에 주일날 나와야 할 교인이 안 나왔을 때는 그 교구 목사와 전도사에게 확인하고 책임을 묻습니다. 그렇게 되니까 우리 교회에서는 교구장이나 구역장이 일하기가 까다롭지요.

그래도 그렇게 양들을 돌보고, 관심 대상에 넣지 않으면 언제 어떻게 될지 모르므로 구역 관리를 철저하게 합니다. 교구 담당 목회자나 전도사는 그 교구에 속한 교인들의 모든 동태를 세밀히 파악해야 합니다. 그리고 무슨 일이든 신속하게 보고해야만 하지요. 그러면 보고에 따라 심방을 가거나 위해서 기도도 합니다.”

탁) 교회의 각 기관은 어떻게 활성화되어 있습니까?

“우리 교회는 기관별로 활발하게 일하고 있습니다. 위로는 장년면려회(회장 조현관 집사), 남전도회(회장 김종욱 안수집사), 여전도회 연합회(회장 김선좌 집사) 등이 있는데, 여전도회 연합회는 1교구 여전도회(회장 김문옥 권사), 2교구(황성희 집사), 3교구(김옥년 집사), 4교구(경민헌 집사), 5교구(이복록 권사), 6교구(이기화 집사), 7교구(정효순 권사) 등이 교회 일에 앞다투어 열심을 냅니다. 여전도회에서 매월 110만 원의 건축 헌금을 거둬서 마무리 작업에 협조하고 있습니다."

 목사님이 제일 좋아하시는 성경 구절은 무엇입니까?

"로마서 12장 11절 말씀입니다. '부지런하여 게으르지 말고 열심을 품고 주를 섬기라'를 좌우명으로 삼고, 그렇게 부지런하게 목회하니까 교인들이 자동으로 모여듭니다."

 현 교세는 어떻습니까?

"부목사 3명(최다니엘, 박경순, 김순권), 협동 목사 1명(강갑중), 여전도사 6명(이연아, 차미자, 양옥경, 이수옥, 이양옥, 김정희), 교육전도사 6명(안형헌, 심바울, 공국

원, 구자신, 홍찬혁, 주정환), 시무 장로 32명(오창선, 이효진, 조병희, 이영제, 유오룡, 신두철, 홍동준, 진병도, 박순채, 배진동, 김재옥, 조두식, 안상완, 주원철, 김한오, 김정남, 박태호, 황성채, 하명호, 조현용, 김정유, 김정우, 김안식, 황호연, 김유, 이정호, 김송운, 오동석, 신창식, 김삼수, 조영근, 김덕수), 협동 장로(양덕의) 등이며 재적 교인은 5,000명(유년부와 주일 학교 포함)에 달합니다.”

탁) 앞으로 해야 할 일은 무엇입니까?

“그간 교회 건축 등 내적인 면에 치중하다 보니까 외적인 일을 많이 하지 못했습니다. 내년부터는 농어촌 교회를 돕고, 총신 후원을 하고, 수양관도 지을 계획입니다.”

대담을 마치며

총신 이사장을 지내고 총회 부회장과 경기신학교 교장, 교경협의회 중앙위원직 등을 맡고 있는 조 목사는 부인 이종현 사모와의 사이에 성준, 성환, 성헌, 성범 등 네 아들을 두고 있으며 팔순이 가까운 양친을 모시고 있다.

그의 직선적인 성격, 잔꾀를 부릴 줄 모르는 우직성이 때로는 처음 만나는 사람에게 오해를 불러일으키기도 하지만, 솔직하고 꾸밈과 거짓이 없고 진실이 밑바탕에 깔려 있는 목회자이기에 정치적인 수완도 사교성도 없고 설교도 남보다 잘하지 못해도 하나님이 주시는 샘솟는 듯한 영력과 탱크 같은 추진력으로 오늘의 대(大)종암중앙교회가 이룩된 것이다.

미주(尾註)

1 "총독훈시요지(總督訓示要旨)", 「조선총독부관보」 제3078호 소화 12년(1937) 4월 21일.

2 『조선예수교장로회총회 제27회 회의록』(1938년), 1~9쪽.

3 호남의병이란 벽골제 이남의 지방, 즉 전라도 지방에서 일어난 의병을 말한다. 그런데 관동창의진, 호서의병진, 산(영)남의진 등과 같이 특수 의병 진영의 이름은 있어도 관동의병, 호서의병, 영남의병이란 말은 사용되지 않는 데 비하여 '호남의병'이라는 용어가 통용되고 있다는 사실은 그만큼 호남 지방에서 여타의 민족 운동, 이를테면 계몽 운동과 같은 흐름보다 의병 운동이 훨씬 우세하였다는 사실과 호남 지방 의병이 강력하였음을 보여 줄 뿐 아니라 그들이 동질성을 띤 하나의 세력으로 존재하였음을 의미한다. 1909년 당시 일본군은 전국의 의병을 3만 8,000여 명으로 추산했는데, 그중 1만 7,000여 명이 전라남도에서 활동하였던 것으로 파악되었다.

4 국사편찬위원회, 『한국독립운동사』 1, 818쪽.

5 2016년 4월 1일 현재, 학위 과정과 어학 과정을 포함하여 모두 525명의 외국인 학생이 재학 중이다.

6 총신 제58회 졸업생

1. 김도빈 목사 정읍성광교회 원로 목사 합동 총회장(84회)

2. 김채현 목사 광주양림교회 원로 목사 개혁 총회장(77회)

3. 박아론 목사 총신대학교 총장 직무 대행
   (박형룡 박사의 차남)

4. 장차남 목사 온천제일교회 원로 목사 합동 총회장(91회)

5. 조경대 목사 종암중앙교회 원로 목사 개혁 총회장(71회)

6. 조영엽 목사 총회신학교(합동 보수) 대학원장

7. 조해수 목사 미주총신대학교 총장 재외한인예수교장로회
   총회장

7 1. 종암중앙교회 주보(1996년 11월 3일 주일 기준)
   주일 출석 장년 및 주일 학교 총계 5,005명
   헌금 총계 38,650,990원

2. 구역 현황
   1교구 36개 구역
   2교구 49개 구역
   3교구 38개 구역
   4교구 53개 구역
   5교구 23개 구역
   6교구 22개 구역
   7교구 24개 구역

3. 교역자

　담임 목사: 조경대

　부목사: 최다니엘 안재인 최종태 박노석 방승용 김영수

　정수상(7명)

　여 전도사: 양옥경 김정희 박용자 이진희 김병숙 주리화

　유옥희(7명)

　교육 목사: 강갑중 김순모(2명)

　교육 전도사: 신순자(1명)

8　'돌진적' 근대화 개념은 마틴 하트-랜즈버그(Martin Hart-Landsberg)의 저서 『Rush to Development』에서 온 것으로 한국 근대화의 급속한 총량 성장과 이로 인한 파행성을 나타내는 개념으로 널리 사용되고 있다. Martin Hart-Landsberg, The Rush to Development: Economic Change and Political Struggle in South Korea, (New York: Monthly Review Press, 1993). 이와 관련지어 한국 사회의 '돌진적 성장과 그로 인한 위험을 논의한 김대환, "돌진적 성장이 낳은 이중 위험사회," 「사상」 통권 38호(1998), 26~44쪽을 볼 것.

9　당시 장로교 정치는 지역주의의 영향을 강하게 받고 있었다. 이를테면, 기장은 김재준 교수를 중심으로 한 함경도 출신이, 통합은 한경직 목사를 중심으로 한 평안도 출신이 주도하였다.

합동은 1960년대까지는 황해도와 호남의 연합 세력이 주도
하였는데, 황해도 세력의 대표적인 지도자는 이환수 목사였
고, 호남 세력의 대표는 정규오 목사였다.

그런데 1971년 6월에 일어난 총회신학교 학생들의 캠퍼스
이전 반대 운동을 수습하는 과정에서 총회의 주도권이 영남
과 평안도 연합 세력에게 넘어갔다. 당시 영남 세력의 대표
는 이영수 목사였고, 평안도 세력의 대표적 인물은 김윤찬
목사였다.

10 이를 주도한 세력은 전국에 분포되어 있었다. 주된 세력은
서울 지역(이환수, 박찬목, 황금천, 백동섭 등), 영남 지역
(노현진, 이성헌, 김태운 등), 호남 지역(최석홍, 김일남, 정
규오 등) 인사들이었다.

11 이 과정에서 총신의 변질을 가장 강력하게 문제 삼은 이는
정규오 목사였다. 정규오 목사 등은 김의환 교수를 신복음
주의자로, 차형배 교수를 반(反) 박형룡 신학자로, 김희보
학장을 문서설자로 규정하여 총신의 신학이 박형룡의 신학
을 벗어나 좌경화 내지는 자유주의 신학으로 기울기 시작
했다고 규탄하면서 정화 운동을 벌였는데, 그것이 계기가
되어 호남권 교회들을 중심으로 평양신학교의 신학적 전통
을 계승할 것을 다짐하며 개혁신학연구원이 설립되었다.

그러나 개혁신학연구원의 역사적 태동에는 당시 합동 총회
안에서 영남권 교회가 주도권을 잡고 호남권 교회를 노골적

으로 소외시킨 것도 주요한 요인 가운데 하나였다. 나영화, "개혁 교단의 역사와 개신대학원대학교의 신학적 권위", 「개신논집」112~116쪽.

12 총신의 정화를 외치며 '복구신학교' 운동을 펼친 이들은 1979년 9월에 열린 제64회 총회에 참석하지 못했다. 이른 바 '주류' 측에서 '비주류' 측에게 통보하지도 않고, 총회 시간을 앞당겨 총회 장소(대구 동부교회)에 집결, 비주류 측의 입장을 저지했기 때문이다.
이에 비주류 측은 대구 은일교회에서 모여 총회 임원을 선출하고 정회한 후 11월 6일 청암교회(서울 용산구 청파동 소재)에서 속회하여 합동 보수 총회를 출범시켰다. 개혁총회역사편찬위원회, 『개혁총회 26년의 역사』(광주: 광신대학교출판부, 2015), 298~299쪽.

13 개혁 총회는 1979년에 합동 총회와 분화하면서 '합동 보수'라는 이름으로 총회를 결성한 이래, 1985년 '개혁 총회'라는 명칭으로 새롭게 거듭났는데, 이는 제1차 교회 연합의 결과였다. 개혁 측은 합동 보수 총회가 합동총회로부터 분화한 이후 총신신학교에 대한 정치 개입이 주요 원인이 되어 1980년에 태동하였다. 합동 보수 총회 결성의 원인을 제공한 이영수 목사가 합동총회 및 총신대 내부에서 여전히 부정적인 정치적 힘을 발휘하여 학장이 교체되는 등 변칙 행보가 자행되자, 젊은 교수들이 교단 개혁을 외치며 총신대

를 떠나는 사태가 발생했다.

이에 또 하나의 장로회 총회가 결성되기에 이르니, 이 교단이 바로 합동신학대학원대학교를 중심으로 세워진 개혁 측이다.

한편 중립 측은 합동총회 개혁의 필요성에 동의하여 교단을 탈퇴하기는 했지만, 보수 측과 개혁 측 어디에도 가입하지 않은 채 개교회 중심으로 남아 있던 교회들을 가리킨다. 개혁총회역사편찬위원회, 『개혁총회 26년의 역사』, 232~234쪽 참고; 그런데 개혁 측 총회는 합동한 이후 곧바로 교회 연합의 약속을 저버리고 합동신학대학원대학교를 중심으로 환원하고 말았다. 1985년 당시 제1차 교회연합운동에 동참하지 않은 교회들이 군소 교단을 형성한 데 이어 개혁 측이 환원할 때 따르지 않은 교회들 또한 군소 교단을 형성함에 따라, 한국장로교회 안에 수많은 군소 교단이 난립하는 현상을 낳고 말았다.

14 정규오 목사를 중심으로 하는 광주권 교회들은 2000년 제85회 총회를 계기로 기존 개혁 교단에서 대거 이탈하여 '광주개혁'을 형성하였고, 2005년 제90회 총회에서 예장합동 교단에 합동 형식으로 사실상 영입된다. 이때 정규오 목사는 합동 교단과 개혁 교단이 신학적으로 다른 것이 없다고 선언하고 자신이 분열주의자였음을 고백하였다.

15 자세한 내용은 1978년 11월 10일, 총회신학교 복구위원회

가 낸 학생 모집 공고문을 볼 것.

16　당시 교육부의 인가 내용은 다음과 같다.

　　1. 설립 목적: 대한민국의 교육 이념과 기독교 정신을 기반으로 교회의 목회자 및 선교사 등의 지도자를 양성함.

　　2. 명칭: 개혁신학교(대학에 준하는 각종 학교)

　　3. 위치: 충북 음성군

　　4. 모집 인원: 신학과 40명

　　5. 개교 일자: 1995년 3월 1일. 조건: 1995년 4월 30일까지 체육장 및 주변 환경 조성을 완비하여 결과를 증빙 서류를 첨부하여 보고한다.

17　본디 개혁신학연구원은 목회학 석사 과정에 해당하는 교육을 통해 목회자를 양성하는 곳인데, 개혁신학교는 대학 과정으로 인가받은 탓에 결국 '편법'으로 3년제 대학원 수업을 운영할 수밖에 없었던 것이다.

'합법'으로 하자면, 각종 학교를 4년 이상 운영하여 정규 대학으로 승격시킨 뒤 따로 대학원 인가를 받아야 하는데, 정규 학사 학위를 줄 수 없는 각종 학교에 지원할 사람이 많지 않을뿐더러 앞으로 대학원을 인가받는다는 보장도 없고, 또 당장 목회자 양성을 중단할 수도 없으니 어쩔 수 없는 선택일 테다. '인가' 받고서도 '편법'을 쓸 수밖에 없는 난감한 처지였다.

게다가 서울에서 음성까지 통학하는 데 왕복 4시간이 소요
되는 것은 물론이고, 야간 학생들은 아예 올 수조차 없어
청담동 건물에서 수업을 따로 진행할 수밖에 없었다.

18 「개혁신학연구원 이사회 회의록」(2000년 2월 14일).

19 7인 추진위원회는 조경대, 최선재, 김규섭, 신응균, 서은선,
    변한규 목사와 진병도 장로로 구성되었다. 윗글.

20 9인 연구 및 추진위원회의 명단은 다음과 같다. 장로 가운
    데는 진병도·조병희·김정유·이효진·황호연·김덕수, 안수
    집사로는 김한용, 남전도회에서 문복동, 권사회에서 김선
    좌가 각각 선정되었다. 「개혁공보」(2002년 11월 9일).

21 이사장에는 조경대 목사를 선임하였고, 이사로는 진병도·
    조병희·김정유·김덕수 장로와 김영월·양봉임 집사 등 7인
    을, 감사로는 이효진·황호연 장로 등 2인을 각각 선임하였
    다. 「당회 회의록」(2002년 3월 14일).

22 평양신학교는 초기 한국 교회의 성장과 함께 신학 교육
    의 필요성, 능력 있고 충실한 목회자를 배출하라는 요구로
    1901년 설립되었다. 초기 평양신학교는 구학파 사상이 지
    배하던 미국 장로교 출신 선교사들에 의해 운영되었다. 당
    시 평양신학교 교수들인 마포삼열, 소안론, 곽안련(Clark,
    Charles Allen), 이눌서(Reynolds, William D.), 라부열
    (Roberts, Stacy L.) 등은 보수적이며 복음적인 신앙과 신학

을 가르쳤고, 평양신학교는 보수 신학을 육성하는 중심지로서 한국 보수주의 형성에 지대한 역할을 하였다. 간하배·김남식, 『한국장로교 신학사상사 I』(서울: 도서출판 베다니, 1997), 111쪽.

23   정규오, 『한국장로교 교회사』(한국복음문서협회, 1994), 228~229쪽.

24   정규오 목사를 중심으로 하는 광주권 교회들은 2000년 제85회 총회를 계기로 기존 개혁 교단에서 대거 이탈하여 '광주 개혁'을 형성하였고, 2005년 제90회 총회에서 예장합동 교단에 합동 형식으로 사실상 영입된다. 이때 정규오 목사는 합동 교단과 개혁 교단이 신학적으로 다를 것이 없다고 선언하고 자신이 분열주의자였음을 고백하였다.

25   대한예수교장로회 제88회 총회는 '총회 직영 신학교 인수·인계 7인 위원회'가 개혁신학연구원을 개신대학원대학에서 인계·인수하여 관리하도록 한다는 내용의 합의 보고서를 승인하였다.
     당시 인수·인계 7인 위원은 정영민·김규섭·김복천·류방식·박만휘·서경덕·황보연이었고, 인수 측은 조경대·손석태·진병도였다. 인계 측과 인수 측이 합의한 내용은 "① 학적부, 도서, 비품, 기숙사 등 일체를 개신대학원대학교에 인계한다. ② 건물 관리 등 현재의 모든 부채를 개신대학원대학교에서 인수한다. ③ 총회에서는 후원 이사회를 조직하여 전국 교회가 후원키로 한다. ④ 개신대학원대학교 이사장 조경대 목사에게 감사패를 전달한다"라는 것이었으며, 이와 같은 결의와 합의에 따라 개신대학원대학교는 법적으로 개혁신학연구원을 계승하였다.

26 종암중앙교회 중심으로 이사회가 구성되고 개신대학원대학교가 설립되자 개혁 총회 한편에서는 이사 지분을 요구하였고, 심지어 신학대학원대학교의 운영권을 몇십억 원에 넘길 것을 제안하기도 했다고 한다.
   이에 조경대 이사장이 "100억 원을 준다고 해도 결코 누구에게도 넘겨줄 수 없다"라고 하자 이들은 개신대학원대학교가 마치 조경대 목사에 의해 사유화된 것처럼 악평을 내더니 결국 2005년 개혁 교단에서 완전 이탈하여 합동 교단에 흡수되고 말았다. 그러나 개신대학원대학교는 학교법인 종암중앙학원이 총회의 결의에 따라 교육부의 인가를 얻어 설립된 것으로 결코 개인의 사유물이 될 수 없다.

27 총신의 좌경화를 비판하고 복구총회신학교를 세우는 과정에서 정규오 목사 등은 박형룡의 보수 신학을 잇는다는 명분을 내세웠고, 박형룡의 아들 박아론을 교장으로 추대하였다. 1980년 12월 22일 복구 총회신학교의 교장 서리로 취임하면서 정규오 목사는 총회 신학교의 신학적 입장에 대하여 "우리는 한국 장로교의 존경과 신뢰를 한 몸에 받고

서 칼빈주의 정통 보수 신학을 수립·파수·선양하셨던 대
(大)신학자이신 박형룡 목사의 사상과 뜻을 계승코자 한다"
라고 밝힌 바 있다.

28 개신대학원대학교는 평양신학교의 신학 전통을 계승한 칼
빈주의 보수 신학교이다. 1979년 복구 인준된 총회신학교
는 평양신학교에서 이어받은 신학적 전통을 더 분명히 하
고자 1987년 '개혁신학연구원'으로 교명을 바꾸었다. 이 교
명은 개혁 신학을 대내외에 천명하는 것이자 학교의 신학
적 정체성을 드러낸 것이다. 현재 개신대학원대학교의 교
명은 개혁신학연구원에 기초하고 있다.

29 조경대, "기독교는 '살리는' 종교다", 「개혁편지」(2011년 여
름호)

| 화 보 |

기록과
흔적들

1   조경대 목사의 출생지: 전경 전라남도 여천군 남면 유송리 544번지.
2   조경대 목사의 고향: 전라남도 남면 우학리 전경.

1 부친 조양오 집사와 모친 강우엽 권사.

2 순천성경고등학교 제9회 졸업기념(1958년 2월 25일).

1 대구신학교(현 대신대학교) 학적부 사진

2 순천 대대교회 사택 앞에서 이종현 사모와 함께

<table>
<tr><td>1</td><td>순천 대대교회 학생 심령대부흥회</td></tr>
<tr><td>2</td><td>총신 제58회 동문들과 김도빈 목사(제84회 합동 총회장),
김채현 목사(제77회 개혁 총회장)와 함께</td></tr>
</table>

종암중앙교회 초기, 교회 앞에서 청년들과 함께

종암중앙교회 초기, 주일 학교 학생들

여산휴게소 앞에서 이종현 사모와 함께

목사 위임 및 집사 안수(1975년 1월 28일)

부활절 세례식 집례(1976년 4월 18일, 부활주일).

우학리교회 창립 70주년 기념 예배(1976년).

<table>
<tr><td>1</td><td>종암중앙교회 건축 모습</td></tr>
<tr><td>2</td><td>교회 건물 완공(1983년 12월 31일).</td></tr>
</table>

1980년대 교회 전경

1 월간「현대종교」(1986년 9월호).

2 개혁총회 총회장 당선 파티(1986년 9월).

교회의 부흥(주일 예배)

1 민주기도협의회에서 김대중 선생과 함께(1987년 8월 12일).

2 민주기도협의회에서 설교하는 모습(1987년 8월 12일).

1 동교동에서 이희호 여사와 함께(1988년).

2 이만섭 국회의장실에서 신계륜 의원과 함께(1993년).

1 미국 낙스신학대학원 제임스 케네디 목사로부터
   명예신학 박사 수여받음(1997년 5월 16일).
2 손석태 개신대학원대학교 명예 총장과 함께.

1 개신대학원대학교 인가 감사 예배에서 김경천 의원과 함께
(2002년 12월 3일).

2 종암중앙교회 노량진 교육관 전경.

조성환 목사, 조성헌 목사와 함께

개혁총회 뉴욕노회 목사 임직식(2003년 11월 6일).

조성환 목사 위임식 및 조경대 원로 목사 추대식(2007년 12월 31일).

개신대학원대학교 전경

백두산에서 기도하시는 모습(1996년).

생전 모습

소천(2023년 12월 8일), 묘소(진달래 메모리얼파크. 충주 앙성면)

가족

사 모 이종현
장 남 조성준
차 남 조성환 정진영 조현석 조현호 조현도
삼 남 조성헌 손성혜 조현승 조현영 조현아
사 남 조성범 정혜영 조현은 조현솔